SABIDURÍA
DE
DIOS

para cada una de
tus necesidades

SABIDURÍA
DE
DIOS

para cada una de
tus necesidades

GRUPO NELSON
Una división de Thomas Nelson Publishers
Desde 1798

NASHVILLE   DALLAS   MÉXICO DF.   RÍO DE JANEIRO

© 2009 por Grupo Nelson®
Publicado en Nashville, Tennessee, Estados Unidos de América.
Grupo Nelson, Inc. es una subsidiaria que pertenece
completamente a Thomas Nelson, Inc.
Grupo Nelson es una marca registrada de Thomas Nelson, Inc.
www.gruponelson.com

Título en inglés: *God's Wisdom for Your Every Need*
© 2009 por Jack Countryman
Publicado por Thomas Nelson, Inc.

A menos que se indique lo contrario, todos los textos
bíblicos se han tomado de la Santa Biblia, Nueva Biblia al Día
© 2006, 2008 por la Sociedad Bíblica Internacional®.
Usada con permiso. Todos los derechos reservados
mundialmente.

Adaptación del diseño al español: *Grupo Nivel Uno, Inc.*

ISBN: 978-1-60255-352-1

Impreso en Estados Unidos de América

10 11 12 13 BTY 9 8 7 6 5 4 3

Contenido

ംര ————————————— ൭െ

PREFACIO

Hace muchos años, publicamos *Promesas de Dios para cada una de sus necesidades*. Nuestra premisa era que todos *quieren* saber qué es lo que Dios les ha prometido y lo quieren obtener. Hoy en día enfrentamos una cultura que nos desafía con muchos retos. *Necesitamos* tener la sabiduría de Dios, lo que nos ayuda a superar lo que les presente el mundo a los cristianos de todas partes.

Cuando Dios le invitó a Salomón a que pidiera lo que quisiera, el rey pidió *sabiduría* (1 Reyes 3.9-12). La sabiduría dada por Dios le enseñó a Salomón que solamente un necio intentaría resolver los problemas de la vida sin la ayuda de Dios.

La orientación que brinda Dios es más que suficiente para todas las pruebas y dificultades que enfrentemos. Sólo nos toca buscarla en la Palabra de Dios. La vida depara todo tipo de pruebas. Algunas las podemos anticipar; otras nos toman desprevenidos en el momento menos esperado. Algunas pruebas exigen que aguantemos; otras demandan que tomemos la decisión adecuada de inmediato. Sin importar cómo se presenta la prueba, Dios nos instruye a acudir a Él para la sabiduría que necesitamos tan desesperadamente.

La vida está repleta de decisiones, y si queremos tomar decisiones que glorifican a Dios y benefician a otros además de a nosotros mismos, necesitamos la guía de Dios. Tarde o temprano, todos llegamos al punto de necesitar la sabiduría de Dios desesperadamente.

Cuando buscas la sabiduría de Dios en su Palabra, encontrarás la paz que nadie puede comprender y la seguridad que estás tomando decisiones basadas en la orientación de Dios. Quizás serás el único que entiende o que está de acuerdo con tu decisión, pero habrás escuchado al que más importa. Escoge la sabiduría de Dios.

Feliz es el que halla sabiduría y adquiere inteligencia. Porque es mejor hallar sabiduría que plata; la sabiduría deja más ganancias que el oro. Es mucho más valiosa que las piedras preciosas. ¡No hay dinero alguno con el que la puedas pagar! Por un lado, la sabiduría te ofrece larga vida y, por el otro, te otorga riquezas y honor. Te llevará por caminos agradables y en sus senderos encontrarás paz.

La sabiduría es árbol de vida para quien se sujeta de ella; ¡felices los que no la sueltan!

—PROVERBIOS 3.13-18

COSAS PARA RECORDAR
CUANDO . . .

Adquiere sabiduría e inteligencia, no la olvides ni te apartes de ellas. No abandones la sabiduría, ámala, y ella te protegerá. Lo más importante que debes hacer es adquirir sabiduría, y también buen juicio.

—PROVERBIOS 4.5-7

Cosas para recordar cuando
La vida en el trabajo
es injusta

Hagan lo que hagan, háganlo bien, como si en vez de estar trabajando para amos terrenales estuvieran trabajando para el Señor. Recuerden que el Señor Jesucristo les dará la parte que les corresponde, pues él es el Señor a quien en realidad sirven ustedes. Pero el que hace lo malo, recibirá como pago el mal que hizo, porque Dios no tiene preferidos.

—Colosenses 3.23-25

No hagan nada por egoísmo o vanidad. Más bien, hagan todo con humildad, considerando a los demás como mejores que ustedes mismos. Cada uno debe buscar no sólo su propio bien, sino también el bien de los demás.

—Filipenses 2.3-4

Hermanos, les pedimos que respeten a los que trabajan entre ustedes, los guían y reprenden en el Señor. Estímenlos mucho y ámenlos por el trabajo que hacen. Vivan en paz unos con otros.

Hermanos, también les rogamos que reprendan a los perezosos, animen a los desanimados, ayuden a los débiles y tengan paciencia con todos. Asegúrense de que ninguno pague mal por mal. Al contrario, procuren siempre hacer el bien, no sólo entre ustedes sino también a todos los demás.

—1 TESALONICENSES 5.12-15

No juzguen a los demás, para que Dios no los juzgue a ustedes, porque de la manera como juzguen a otros, así Dios los juzgará a ustedes; Dios los va a tratar de la misma forma en que ustedes traten a los demás. ¿Cómo te atreves a mirar la paja que está en el ojo de tu hermano, si tienes una viga en el tuyo? ¿Cómo le pedirás a tu amigo que te deje sacarle la paja que tiene en su ojo, si la viga que tienes en el tuyo no te deja ver? ¡Hipócrita! Sácate primero la viga que tienes en tu ojo, para que puedas ver bien cuando estés sacando la paja del ojo de tu hermano.

—MATEO 7.1-5

Cosas para recordar cuando
TU MUNDO ESTÁ
AL REVÉS

Jesús respondió:

—¿Hasta ahora me creen? Ya se acerca la hora, ya ha llegado, en que ustedes huirán cada uno por su lado y a mí me dejarán solo. Pero no estoy solo, porque el Padre está conmigo. Yo les he dicho estas cosas para que en mí encuentren paz. En este mundo van a sufrir, pero anímense, yo he vencido al mundo.

—JUAN 16.31-33

Así que, ahora que Dios nos ha declarado justos por haber creído, disfrutamos de la paz con Dios gracias a lo que Jesucristo nuestro Señor hizo por nosotros. Por medio de él, y confiando en su promesa, participamos de ese amor que no merecemos, y en el cual nos mantenemos firmes. Incluso nos sentimos orgullosos de la esperanza de gozar de la gloria de Dios.

Y también nos gozamos de las aflicciones, porque nos enseñan a tener paciencia; y la paciencia nos ayuda a superar las pruebas, y así nuestra esperanza se fortalece. Y esa esperanza nunca nos defrauda, pues Dios llenó nuestros corazones de su amor por medio del Espíritu Santo que él mismo nos dio.

—Romanos 5.1-5

Hermanos míos, que les dé gran alegría cuando pasen por diferentes pruebas, pues ya saben que cuando su fe sea puesta a prueba, producirá en ustedes firmeza. Y cuando se desarrolle completamente la firmeza, serán perfectos y maduros, sin que les falte nada.

Si a alguno de ustedes le falta sabiduría, pídasela a Dios. Él se la dará, porque Dios da a todos en abundancia sin hacer ningún reproche.

—Santiago 1.2-5

Dentro nos renovamos cada vez más. Pues nuestros pequeños y pasajeros sufrimientos producen una gloria eterna más grande y abundante. Por lo tanto, no nos importa lo que ahora se ve, sino que fijamos la mirada en lo que todavía no vemos. Porque lo que se ve es pasajero, mientras que lo que no se ve no cesará jamás.

—2 Corintios 4.16-18

No finjan amar; amen de veras. Aborrezcan lo malo; pónganse de parte del bien. Ámense con cariño de hermanos y deléitense en el respeto mutuo.

No sean perezosos; sirvan al Señor con el entusiasmo que da el Espíritu. Regocíjense en la esperanza, tengan paciencia si sufren y nunca dejen de orar.

—Romanos 12.9-12

A pesar de todo, nuestra victoria es absoluta, gracias a Cristo que nos amó.

Estoy convencido de que nada podrá apartarnos de su amor; ni la muerte, ni la vida, ni los ángeles, ni los demonios, ni lo presente, ni lo que está por venir, ni los poderes, ni lo alto, ni lo profundo, ni cosa alguna de toda la creación. ¡Nada podrá separarnos del amor que Dios nos ha demostrado en Cristo Jesús, nuestro Señor!

—Romanos 8.37-39

Den gracias a Dios en cualquier situación, porque esto es lo que Dios quiere de ustedes como creyentes en Cristo Jesús.

No apaguen el Espíritu. No desprecien las profecías. Pónganlo todo a prueba, pero retengan sólo lo bueno. Eviten toda clase de mal.

—1 Tesalonicesnses 5.18-22

Cosas para recordar cuando
Un colega del trabajo
te irrita

Su Padre celestial los perdonará si perdonan a los que les hacen mal; pero si se niegan a perdonarlos, su Padre no los perdonará a ustedes.

—Mateo 6.14-15

Por cuanto Dios los escogió y son santos y amados, practiquen con sinceridad la compasión y la bondad. Sean humildes, amables y buenos. Sopórtense unos a otros y perdonen a quienes se quejen de ustedes. Si el Señor los perdonó, ustedes están obligados a perdonar. Y sobre todo, vístanse de amor, que es lo que permite vivir en perfecta armonía. Que la paz de Dios reine en sus corazones, porque ese es su deber como miembros del cuerpo de Cristo. Y sean agradecidos.

Mantengan vívidas en su memoria las enseñanzas de Cristo en toda su abundancia, y enséñense y aconséjense unos a otros con toda sabiduría. Transmítanlas a otros, con salmos, himnos y cánticos espirituales elevados al Señor con corazones agradecidos.

—COLOSENSES 3.12-16

También conocen el mandamiento que dice: «Ama a tu prójimo y odia a tu enemigo». Pero yo les digo: ¡Amen a sus enemigos! ¡Oren por quienes los persiguen! De esta forma estarán actuando como hijos de su Padre que está en el cielo, porque él da la luz del sol a los malos y a los buenos y envía la lluvia a los justos y a los injustos.

—MATEO 5.43-45

Así que, ¡tengan cuidado!
Si tu hermano peca, repréndelo; y si se arrepiente, perdónalo. Aun si en un día peca siete veces contra ti, y siete veces regresa a decirte: «Me arrepiento», perdónalo.

—LUCAS 17.3-4

En fin, vivan ustedes en armonía unos con otros. Compartan sus penas y alegrías, ámense como hermanos, tengan compasión y sean

humildes. No le hagan mal al que les hizo mal
ni insulten al que los insultó. Al contrario,
bendíganlo, porque Dios los eligió a ustedes
para que reciban bendición.

—1 PEDRO 3.8-9

Pedro se le acercó y le preguntó:

—Señor, ¿cuántas veces debo perdonar a un
hermano que haga algo malo contra mí? ¿Debo
perdonarlo siete veces?

—¡No! —respondió Jesús—, ¡perdónalo hasta
setenta veces siete si es necesario!

—MATEO 18.21-22

¡Deja el enojo! Aparta la ira, no envidies
a otros; con ello sólo te perjudicas. Porque
los malvados serán destruidos, pero los que
confían en el SEÑOR heredarán la tierra y vivirán
tranquilamente.

—SALMO 37.8-9

Cosas para recordar cuando
ENFRENTAS DESILUSIONES
EN LA VIDA

Por eso, no pierdan la confianza, porque ésta
les traerá una gran recompensa. Ustedes necesitan
seguir confiando para que, después de haber
cumplido la voluntad de Dios, reciban lo que
él ha prometido. Pues en poco tiempo, «el que
tiene que venir vendrá, y no tardará. Mi justo
vivirá por la fe; pero si se vuelve atrás, no estaré
contento con él».

—HEBREOS 10.35-38

Estamos acosados por problemas, pero
no estamos vencidos. Enfrentamos grandes
dificultades, pero no nos desesperamos. Nos
persiguen, pero Dios no nos abandona nunca.
Nos derriban, pero no nos pueden destruir. Por
dondequiera que vamos, este cuerpo nuestro
se enfrenta a la muerte al igual que Jesús, para
que también la vida de Jesús se manifieste en
nosotros.

—2 CORINTIOS 4.8-10

El que comenzó tan buena obra en ustedes la irá perfeccionando hasta el día en que Jesucristo regrese. De esto estoy seguro.

—FILIPENSES 1.6

El SEÑOR está cerca de los que tienen el corazón quebrantado; libra a los de espíritu abatido. El bueno no está libre de tribulación; también tiene sus problemas pero en todos ellos lo auxilia el SEÑOR.

—SALMO 34.18-19

Esto es lo que a ustedes los llena de alegría, a pesar de tener que sufrir diversas pruebas por algún tiempo. La fe de ustedes es como el oro que tiene que probarse por medio del fuego. Así también su fe, que vale mucho más que el oro, tiene que probarse por medio de los problemas y, si es aprobada, recibirá gloria y honor cuando Jesucristo aparezca. Ustedes aman a Jesucristo a pesar de que no lo han visto; y aunque ahora no lo ven, creen en él y se llenan de una gran alegría, porque están obteniendo su salvación que es la meta de su fe.

—1 PEDRO 1.6-9

Cuando oro me respondes y me animas dándome la fuerza que necesito.

Aunque me rodeen tribulaciones, tú me librarás de la ira de mis enemigos. Contra el enojo de mis enemigos extenderás tu mano. Tu poder me salvará. El Señor cumplirá sus planes para mi vida. Porque tu gran amor, Señor; es para siempre. No me abandones, pues tú me hiciste.

—Salmo 138.3, 7-8

Los pasos de los buenos son guiados por el Señor. Él se deleita en cada paso que dan. Si se tropiezan, no caen, porque el Señor los sostiene con su mano.

Fui joven y estoy viejo, y en todos mis años jamás vi al justo en la miseria; tampoco he visto a los hijos de los justos pasar hambre. Por el contrario, los justos pueden ser generosos dando obsequios y préstamos al prójimo, y sus hijos son una bendición.

—Salmo 37.23-26

Cosas para recordar cuando
NECESITAS COMPARTIR CON UN AMIGO
SOBRE EL SEÑOR

El Espíritu que es don de Dios, no quiere
que temamos a la gente, sino que tengamos
fortaleza, amor y dominio propio.
Así que no te avergüences de hablar de nuestro
Señor, ni de mí, que estoy preso por la causa de
Cristo. Al contrario, debes ser capaz de sufrir
por el evangelio, pues Dios te dará fuerzas.
Dios nos salvó y nos llamó a una vida santa,
no porque lo meciéramos sino por su amor
y porque así lo planeó. Antes que el mundo
comenzara, su plan era mostrarnos su bondad a
través de Cristo Jesús.

—2 TIMOTEO 1.7-9

Porque nunca me avergüenzo de las buenas
noticias; ellas constituyen el poder de Dios para
la salvación de todos los que creen. A los judíos
se les dio el privilegio de ser los primeros en
escuchar la predicación de este mensaje, pero ya
el mundo entero está escuchándolo.

Las buenas noticias nos muestran la manera en que Dios nos acepta: por la fe, de principio a fin. Como está escrito en el Antiguo Testamento: «El que es justo, lo es por creer en Dios».

—ROMANOS 1.16-17

¿Y qué es lo que ha dicho? Que nos ha dado vida eterna, y que esta vida está en su Hijo. Así que el que tiene al Hijo de Dios tiene la vida; el que no tiene al Hijo, no tiene la vida.

A ustedes, que creen en el Hijo de Dios, les he escrito sobre estas cosas para que sepan que tienen la vida eterna.

—1 JUAN 5.11-13

Así que no teman, que para Dios ustedes valen más que muchos pajarillos.

Si alguno declara ante la gente que es mi seguidor, yo declararé a su favor ante mi Padre que está en los cielos. Pero al que me niegue públicamente, también yo lo negaré delante de mi Padre que está en los cielos.

El que se apegue demasiado a su vida, la perderá; pero el que renuncie a ella porque me ama, la salvará.

—MATEO 10.31-33, 39

El fruto del justo es árbol de vida, y el que gana vidas es sabio.

—PROVERBIOS 11.30

Hermanos, si alguno de ustedes se aleja de la verdad, y otro lo hace volver a ella, recuerden que quien hace volver a un pecador a la verdad, lo salvará de la muerte y hace que se le perdonen muchísimos pecados.

—SANTIAGO 5.19-20

Dios amó tanto al mundo, que dio a su único Hijo, para que todo el que cree en él no se pierda, sino tenga vida eterna. Dios no envió a su Hijo para condenar al mundo, sino para salvarlo por medio de él.

—JUAN 3.16-17

Yo estoy siempre a la puerta y llamo; si alguno escucha mi voz y abre la puerta, entraré y cenaré con él y él conmigo.

Al que salga vencedor, le daré el derecho de que se siente junto a mí en el trono, de la misma manera que al vencer yo me senté con mi Padre en su trono.

El que tenga oídos, escuche lo que el Espíritu dice a las iglesias.

—Apocalipsis 3.20-22

Cosas para recordar cuando
NECESITAS PACIENCIA…
¡AHORA!

❧⎯⎯⎯⎯⎯⎯⎯⎯⎯⎯⎯⎯⎯⎯☙

Criados, obedezcan y respeten a sus amos, no sólo a los que son buenos y comprensivos sino también a los que son difíciles de soportar, pues es digno de elogio que alguien, por ser responsable ante Dios, soporte penas y sufrimientos injustamente. Pero ustedes no tendrán ningún mérito si los maltratan por hacer lo malo. En cambio, si sufren por hacer lo bueno, eso es algo que a Dios le agrada. Para esto los llamó, para que así como Cristo sufrió por ustedes y les dio el ejemplo, ustedes sigan sus pasos.

—1 PEDRO 2.18-21

El SEÑOR está cerca de cuantos lo llaman, sí, de todos los que llaman sinceramente. Él cumple los deseos de quienes le temen; escucha su clamor de auxilio y los rescata.

—SALMO 145.18-19

Él da fuerzas al cansado y extenuado, y vigor al débil. Hasta los jóvenes quedan sin aliento y los muchachos se dan por vencidos. Pero los que esperan en el SEÑOR renovarán sus fuerzas: emprenderán vuelo como si tuvieran alas de águilas, correrán y no se cansarán, caminarán y no desfallecerán.

—ISAÍAS 40.29-31

En cuanto a ustedes, amados hermanos, aunque les hemos hablado en estos términos, estamos seguros de cosas mejores con respecto a su salvación.

Pero anhelamos que cada uno siga con el mismo entusiasmo hasta el fin, para que puedan obtener lo que esperan. No se vuelvan perezosos, sino sigan el ejemplo de los que por fe y con paciencia heredan las promesas de Dios.

—HEBREOS 6 9, 11-12

Por eso, también nosotros, que estamos rodeados de tantos testigos, dejemos a un lado lo que nos estorba, en especial el pecado que nos molesta, y corramos con paciencia la carrera que tenemos por delante. Mantengamos fija la mirada en Jesús, pues de él viene nuestra fe y él es quien la perfecciona. Él, por el gozo que le esperaba, soportó la cruz y no le dio importancia a la vergüenza que eso significaba, y ahora está sentado a la derecha del trono de Dios. Por eso, piensen en el ejemplo que él nos dejó, pues siguió adelante a pesar de tanta oposición por parte de los pecadores. Por tanto, no se cansen ni pierdan el ánimo.

—HEBREOS 12.1-3

Reposa en el SEÑOR; espera con paciencia que él se manifieste. No envidies a los malvados que prosperan o te desesperes por sus perversos planes. ¡Deja el enojo! Aparta la ira, no envidies a otros; con ello sólo te perjudicas.

Día tras día el SEÑOR cuida de los justos, y les concede recompensas eternas.

—SALMO 37.7-8, 18

Observa los métodos de Dios, y ponte en armonía con ellos. No vayas en contra de la naturaleza. Disfruta de los buenos tiempos siempre que puedas, y cuando lleguen los malos tiempos, reconoce que unos y otros proceden de

Dios, para que todos se den cuenta de que no hay nada seguro en esta vida.

—ECLESIASTÉS 7.13-14

Cosas para recordar cuando
ESTÁS DUDANDO SOBRE
QUÉ DECIR

Para todo hay un tiempo oportuno. Hay tiempo para todo lo que se hace bajo el sol.

Tiempo de nacer;

Tiempo de morir;

Tiempo de plantar;

Tiempo de cosechar;

Tiempo de matar;

Tiempo de sanar;

Tiempo de destruir;

Tiempo de reedificar;

Tiempo de llorar;

Tiempo de reír;

Tiempo de tener duelo;

Tiempo de danzar;

Tiempo de esparcir piedras;

Tiempo de recoger piedras;

Tiempo de abrazar;

Tiempo de no abrazar;

Tiempo de encontrar;

Tiempo de perder;

Tiempo de ahorrar;

Tiempo de derrochar;

Tiempo de romper;
Tiempo de reparar;
Tiempo de callar;
Tiempo de hablar;
Tiempo de amar;
Tiempo de odiar;
Tiempo de guerra;
Tiempo de paz.

—ECLESIASTÉS 3.1-8

Pues dicen que los ancianos son más sabios.
Pero no son solamente los años los que
dan sabiduría a los hombres; más bien es el
espíritu que habita en el hombre, el hálito del
Todopoderoso, el que lo hace inteligente.

—JOB 32.7-9

Las palabras del hombre son aguas profundas;
las palabras de sabiduría son como un arroyo
refrescante.
Está mal que un juez favorezca al culpable y
condene al inocente.
Los labios del necio lo meten en continuas
peleas; sus palabras le causan azotes.

La boca del necio es su ruina; sus labios son una trampa mortal.

—PROVERBIOS 18.4-7

Cuando el sabio entabla pleito contra un necio, aunque se enoje o se ría, nada arreglará.

El necio deja escapar todo su enojo, el sabio lo controla.

—PROVERBIOS 29.9, 11

Ustedes son la luz del mundo. Una ciudad asentada sobre un monte no puede esconderse. Nadie enciende una lámpara para esconderla bajo un cajón, sino que la pone en alto para que alumbre a todos los que están en la casa. ¡Así dejen ustedes brillar su luz ante toda la gente! ¡Que las buenas obras que ustedes realicen brillen de tal manera que la gente adore al Padre celestial!

—MATEO 5.14-16

El sabio habla poco y el inteligente se sabe controlar.

Hasta un necio pasa por sabio si guarda silencio; se le considera prudente si cierra la boca.

—Proverbios 17.27-28

Que suba a tu presencia mi oración como una ofrenda de incienso; que hacia ti levante mis manos como un sacrificio vespertino.

Ayúdame, Señor, a mantener cerrada mi boca y sellados mis labios.

—Salmo 141.2-3

QUÉ HACER CUANDO
SIENTES. . .

El que hace caso a la palabra, prospera.
¡Dichoso el que confía en el SEÑOR!
Al sabio de corazón, se le llama inteligente; los
labios convincentes promueven el saber.
De la mente del sabio provienen palabras
sabias; sus palabras promueven la enseñanza.
Las palabras amables son como la miel,
endulzan el alma y dan salud al cuerpo.

—PROVERBIOS 16.20-21; 23-24

Qué hacer cuando sientes
QUE NECESITAS
CAMBIAR DE EMPLEO

¿Qué más se puede decir? Si Dios está de parte nuestra, ¿quién podrá estar contra nosotros? Si Dios no dudó al entregar a su Hijo por nosotros, ¿no nos dará también, junto con él, todas las cosas?

Si somos los escogidos de Dios ¿quién se atreverá a acusarnos? Dios mismo es quien nos ha declarado justos. ¿Quién nos condenará? Cristo fue el que murió y volvió a la vida, el que está en el lugar de honor junto a Dios, intercediendo por nosotros.

¿Quién podrá apartarnos del amor de Cristo? ¿El sufrimiento, la angustia, la persecución, el hambre, la pobreza, el peligro, las amenazas de muerte?

Las Escrituras dicen:

«Por tu causa nos amenazan de muerte todo el tiempo, nos tratan como a ovejas de matadero».

A pesar de todo, nuestra victoria es absoluta, gracias a Cristo que nos amó.

Estoy convencido de que nada podrá apartarnos de su amor; ni la muerte, ni la vida,

ni los ángeles, ni los demonios, ni lo presente, ni
lo que está por venir, ni los poderes, ni lo alto, ni
lo profundo, ni cosa alguna de toda la creación.
¡Nada podrá separarnos del amor que Dios nos
ha demostrado en Cristo Jesús, nuestro Señor!

—ROMANOS 8.31-39

El SEÑOR es mi pastor, nada me falta.

En verdes pastos me hace descansar, y me guía
junto a arroyos tranquilos. Me infunde nuevas
fuerzas. Me guía por sendas de justicia, por
amor a su nombre.

Aun cuando atraviese el negro valle de la
muerte, no tendré miedo, pues tú irás siempre
muy junto a mí. Tu vara de pastor y tu cayado
me protegen y me dan seguridad.

Preparas un banquete para mí, en presencia de
mis enemigos. Me recibes como invitado tuyo,
ungiendo con perfume mi cabeza. ¡Mi copa
rebosa de bendiciones!

Tu bondad e inagotable generosidad me
acompañarán toda la vida, y después viviré en tu
casa para siempre.

—SALMO 23.1-6

El Señor es mi luz y mi salvación; ¿a quién temeré? El Señor me protege del peligro, ¿quién podrá amedrentarme? Cuando los malvados se lancen a destruirme, tropezarán y caerán. Sí, aunque un poderoso ejército marche contra mí, mi corazón no abrigará temor. Aunque ellos me ataquen, confío en Dios.

Espera al Señor; él acudirá. Sé valiente, resuelto y animoso. Sí; espera, y él te ayudará.

—Salmo 27.1-3, 14

En cuanto a ustedes, amados hermanos, aunque les hemos hablado en estos términos, estamos seguros de cosas mejores con respecto a su salvación. Dios no es injusto. ¿Cómo podría él olvidar el ardor con que ustedes han trabajado o el amor que le han demostrado y le siguen demostrando al ayudar a los del pueblo santo? Pero anhelamos que cada uno siga con el mismo entusiasmo hasta el fin, para que puedan obtener lo que esperan. No se vuelvan perezosos, sino sigan el ejemplo de los que por fe y con paciencia heredan las promesas de Dios.

—Hebreos 6.9-12

Queridos hermanos, ustedes siempre me han obedecido, no sólo cuando estuve con ustedes sino también ahora que ya no estoy; lleven a cabo su salvación con temor y temblor, porque es Dios el que les da a ustedes el deseo de cumplir su voluntad y de que la lleven a cabo.

Háganlo todo sin quejarse ni pelearse, para que nadie pueda reprocharles nada y sean hijos de Dios sin culpa en medio de gente mala y perversa. Entre esa gente ustedes brillan como estrellas en el firmamento. No se aparten nunca de la palabra de vida. De esa manera, cuando Cristo vuelva me sentiré satisfecho de no haber corrido ni trabajado en vano.

—Filipenses 2.12-16

También a los jóvenes les digo: obedezcan a los ancianos. Trátense unos a otros con humildad, porque «Dios está en contra de los orgullosos, pero a favor de los humildes».

Humíllense bajo el poder de Dios, para que él los enaltezca cuando llegue el momento oportuno.

Dejen en las manos de Dios todas sus preocupaciones, porque él cuida de ustedes.

Tengan cuidado y estén siempre alertas, pues su enemigo, el diablo, anda como león rugiente buscando a quién devorar. Resistan sus ataques manteniéndose firmes en la fe. Recuerden que los hermanos de ustedes en todo el mundo están soportando la misma clase de sufrimientos. Y después que ustedes hayan sufrido por un poco de tiempo, Dios mismo los restaurará, los hará fuertes, firmes, y les dará seguridad.

—1 Pedro 5.5-10

Qué hacer cuando sientes
QUE UN AMIGO
TE HA TRAICIONADO

❧———————————————❧

El amor es paciente, es benigno; el amor no es envidioso; el amor no es presumido ni orgulloso; no se comporta con rudeza ni es egoísta ni se enoja fácilmente ni guarda rencor.

El amor disculpa todos los errores, siempre confía en la persona amada, espera de ella lo mejor y todo lo soporta.

Un día se dejará de profetizar y de hablar en lenguas, y el saber ya no será necesario, pues sabemos muy poco y profetizamos imperfectamente; pero siempre existirá el amor.

Y cuando Dios nos haga perfectos, lo que es imperfecto desaparecerá.

—I CORINTIOS 13.4-5, 7-10

Hermanos, también les rogamos que reprendan a los perezosos, animen a los desanimados, ayuden a los débiles y tengan paciencia con todos. Asegúrense de que ninguno pague mal por mal. Al contrario, procuren siempre hacer el bien, no sólo entre ustedes sino también a todos los demás. Estén siempre contentos. Oren en todo momento. Den gracias a Dios en cualquier situación, porque esto es lo que Dios quiere de ustedes como creyentes en Cristo Jesús.

No apaguen el Espíritu. No desprecien las profecías. Pónganlo todo a prueba, pero retengan sólo lo bueno.

—1 Tesalonicenses 5.14-21

Ustedes sean compasivos, así como su Padre es compasivo.

No juzguen a los demás y así no los juzgarán a ustedes. No condenen a los demás y no los condenarán a ustedes. Perdonen, y serán perdonados. Den, y les darán a ustedes; es más, les echarán en el regazo una medida llena, apretada, sacudida y repleta. El principio es éste: con la medida con la que midan a los demás los medirán a ustedes.

—Lucas 6.36-38

En fin, vivan ustedes en armonía unos con otros. Compartan sus penas y alegrías, ámense como hermanos, tengan compasión y sean humildes. No le hagan mal al que les hizo mal ni insulten al que los insultó. Al contrario, bendíganlo, porque Dios los eligió a ustedes para que reciban bendición.

«El que quiere amar la vida y pasar días felices, cuide su lengua de hablar el mal y sus labios de engañar. Apártese del mal y haga el bien; busque la paz y sígala, porque el Señor cuida a los justos y sus oídos están atentos a sus oraciones, pero está en contra de los que hacen el mal».

—1 Pedro 3.8-12

Vivan en armonía unos con otros. No sean arrogantes, sino traten como iguales a la gente humilde ¡y no se hagan como que lo saben todo!

Nunca le paguen a nadie mal con mal. Al contrario, busquen hacerles el bien a todos.

Procuren, en lo que les sea posible, estar en paz con todo el mundo. Queridos hermanos, nunca tomen venganza sino déjensela a Dios, porque así está escrito:

«A mí me corresponde vengarme. Yo le daré su pago a cada quien, dice el Señor».

—Romanos 12.16-19

Por eso les digo que todo lo que pidan en oración, crean que lo recibirán, y así será. Pero cuando oren, perdonen a los que les hayan hecho algo, para que el Padre que está en el cielo les perdone a ustedes sus pecados. Pero si no perdonan, nuestro Padre que está en los cielos no les perdonará sus pecados.

—MARCOS 11.24-26

Dejen, por lo tanto, la mentira; díganse la verdad unos a otros siempre, porque somos miembros de un mismo cuerpo.

Si se enojan, no cometan el pecado de dejar que el enojo les dure todo el día. Así no le darán lugar al diablo.

—EFESIOS 4.25-27

Qué hacer cuando sientes
QUE QUIERES RENDIRTE

En Jesús, el Hijo de Dios, tenemos un gran sumo sacerdote que subió al mismo cielo. Por eso, debemos seguir confiando en él. Nuestro sumo sacerdote entiende nuestras debilidades, porque él mismo experimentó nuestras tentaciones, si bien es cierto que nunca cometió pecado. Acerquémonos, pues, confiadamente al trono del Dios de amor, para encontrar allí misericordia y gracia en el momento en que las necesitemos.

—HEBREOS 4.14-16

Estoy tirado en el polvo completamente desalentado; dame vida conforme a tu palabra. Te hablé de mi forma de vivir y tú respondiste. ¡Enséñame tus decretos! Ayúdame a entender el significado de tus mandamientos, y meditaré en tus maravillas.

Lloro de angustia; anímame con tu palabra. No permitas que me engañe a mí mismo; concédeme el privilegio de conocer tu ley.

He optado por el camino de la fidelidad, he escogido tus juicios. Yo me apego a tus decretos; Señor, no me hagas pasar vergüenza. Si tú me ayudas, correré para seguir tus mandamientos.

—Salmo 119.25-32

No lo digo porque esté necesitado, pues he aprendido a estar satisfecho en cualquier situación en que me encuentre. Sé lo que es vivir en la pobreza y lo que es vivir en la abundancia. He aprendido a vivir en cualquier circunstancia: tanto a quedar satisfecho como a pasar hambre, a tener de sobra como a sufrir por no tener nada. Todo lo puedo en Cristo que me da fortaleza.

—Filipenses 4.11-13

¡Gracias a Dios que nos da la victoria por medio de Jesucristo, nuestro Señor! Por eso, amados hermanos míos, estén firmes y constantes; trabajen siempre para la obra del Señor, conscientes de que nada de lo que hagamos para el Señor será en vano.

—1 Corintios 15.57-58

No temas, pues yo estoy contigo, no te desanimes. Yo soy tu Dios, yo te fortaleceré, yo te ayudaré, yo te sostendré con mi triunfante mano diestra.

—ISAÍAS 41.10

Pero, ¡gracias a Dios que siempre nos lleva en el desfile victorioso de Cristo! y dondequiera que vamos nos usa para hablar a otros y para esparcir el evangelio como perfume fragante.

Para Dios somos como la fragancia de Cristo; olor que llega a los que se salvan y a los que se pierden. Para éstos, somos un olor de muerte que lleva la muerte; pero para los otros, somos un olor de vida que lleva a la vida. Y ¿quién está perfectamente capacitado para una tarea como ésta?

—2 CORINTIOS 2.14-16

Hermanos, no pienso que yo ya lo haya alcanzado. Más bien, sigo adelante trabajando, me olvido de lo que quedó atrás y me esfuerzo por alcanzar lo que está adelante. De esta manera sigo adelante hacia la meta, para ganar

el premio que Dios ofrece por medio de su
llamado celestial en Cristo Jesús.

—FILIPENSES 3.13-14

El que vive al abrigo del Altísimo, descansará
bajo la sombra del Todopoderoso.

Yo le digo al SEÑOR: «Tú eres mi refugio y en
ti estoy seguro; eres mi Dios, y en ti confío».
Porque él te libra de todas las trampas y te
protege de plagas mortales. Él te cubrirá con sus
plumas y bajo sus alas encontrarás refugio. ¡Sus
fieles promesas son tu armadura y protección!
No tienes que temer al terror de la noche, ni
asustarte por los peligros del día, ni atemorizarte
por las plagas que se ocultan en las tinieblas ni
por los desastres del mediodía.

Podrán caer mil al lado tuyo, y al otro lado
diez mil casi muertos, pero el mal a ti no te
tocará.

Ningún mal te dominará; ninguna calamidad
llegará a tu hogar.

Porque él ordena a sus ángeles que te protejan
por dondequiera que vayas.

—SALMO 91.1-7, 10-11

Yo he creado al herrero que desde abajo de la fragua da viento a los carbones y fabrica las armas destructivas. Yo he creado los ejércitos que destruyen. Pero aquel día ninguna arma que se vuelva contra ti triunfará, y se te hará justicia contra toda calumnia que se esgrima en los tribunales. Ésta es la herencia de los siervos del Señor, ésta es la bendición que te he dado, dice el Señor.

—Isaías 54.16-17

Qué hacer cuando sientes
GANAS DE CANTARLE
A ALGUIEN LAS CUARENTA

¿Desean larga y próspera vida? ¡Pues cuidado con la lengua! No mientan. Apártense del mal y hagan el bien. Procuren vivir en paz con todo el mundo; esfuércense en ello.

—SALMO 34.12-14

El hombre piensa que es justo lo que él hace, pero el SEÑOR juzga los motivos.

Pon en manos del SEÑOR todo lo que haces, y tus planes tendrán éxito.

—PROVERBIOS 16.2-3

El que procura la justicia y el amor halla vida y honra.

El que mantiene la boca cerrada se libra de problemas.

—PROVERBIOS 21.21, 23

Al sabio de corazón, se le llama inteligente; los labios convincentes promueven el saber.

La prudencia es fuente de vida para quien la posee; pero instruir al necio es una locura.

De la mente del sabio provienen palabras sabias; sus palabras promueven la enseñanza.

—PROVERBIOS 16.21-23

El hombre se llena con el fruto de su boca, y se sacia con lo que habla.

La lengua tiene poder para vida o para muerte; los que la aman sufrirán las consecuencias.

—PROVERBIOS 18.20-21

Hijo mío, toma en cuenta mis consejos, escucha atentamente mis palabras. No pierdas de vista mis palabras, grábalas en lo más profundo de tu corazón. Porque ellas traen vida y salud a quienes las hallan.

Sobre todas las cosas cuida tu corazón, porque de él brota la vida. Evita hablar de cosas perversas; aparta tus labios de decir cosas corruptas. Mira lo que tienes delante; pon tus ojos en lo que tienes frente a ti. Establece bien la

conducta de tu vida, mantenla siempre, y estarás
seguro. ¡Practica el bien en todo momento!
¡Apártate del mal!

—Proverbios 4.20-27

Pero nadie puede domar la lengua. Es un
mal que no se puede frenar y que está lleno
de veneno mortal. Con la lengua bendecimos
a nuestro Señor y Padre, y también con ella
maldecimos a las personas que han sido creadas
a imagen de Dios. De una misma boca salen
bendiciones y maldiciones.

Hermanos míos, esto no debe ser así. De una
misma fuente no brota agua dulce y agua salada.
Hermanos míos, no puede dar aceitunas una
higuera ni higos una vid. Tampoco puede una
fuente dar agua salada y agua dulce.

El que es sabio y entendido entre ustedes es el
que lo demuestra con su buena conducta, y con
acciones hechas con humildad y sabiduría.

—Santiago 3.8-13

Qué hacer cuando sientes
QUÉ ESTÁS
TOTALMENTE AGOTADO

No seas impaciente esperando que el SEÑOR se manifieste. Continúa tu marcha firme por su senda, y a su tiempo él te honrará para que heredes la tierra, y verás destruidos a los malvados. Yo mismo he visto que así pasa; he visto al déspota y malvado extenderse como cedro frondoso. Pero pasó al olvido y dejó de existir; lo busqué, y ya no pude encontrarlo. ¡Observa al bueno, al inocente, al recto, porque les espera un gran porvenir a aquellos que aman la paz! ¡Para él hay un fin venturoso!

El SEÑOR salva a los santos. Él es su refugio y salvación en tiempos de tribulación. Él los ayuda y los libra de los lazos de los malvados.

—SALMO 37.34-37, 39-40

Cuando oro me respondes y me animas dándome la fuerza que necesito.

Aunque me rodeen tribulaciones, tú me librarás de la ira de mis enemigos. Contra el enojo de mis enemigos extenderás tu mano. Tu poder me salvará. El Señor cumplirá sus planes para mi vida. Porque tu gran amor, Señor; es para siempre. No me abandones, pues tú me hiciste.

—Salmo 138.3, 7-8

Alaba, alma mía al Señor; alabe todo mi ser su santo nombre. Alaba, alma mía, al Señor, y no olvides ninguna de las cosas buenas que él te da. Él perdona todos tus pecados y sana todas tus enfermedades, y rescata tu vida del sepulcro. Te rodea de tierno amor y misericordia. Llena tu vida de cosas buenas. Te rejuvenece como a las águilas.

—Salmo 103.1-5

Espera al Señor; él acudirá. Sé valiente, resuelto y animoso. Sí; espera, y él te ayudará.

—Salmo 27.14

El que es alto y excelso y habita la eternidad, aquel cuyo nombre es santo, dice así: Yo moro en aquel elevado y santo sitio, pero también

estoy donde habitan los pobres y los afligidos, y
a ellos les doy ánimo y aliento.

He visto lo que hacen, y sin embargo los
sanaré, guiaré y consolaré, ayudándoles a llorar
por sus pecados y a confesarlos. ¡La paz, la paz
esté con ellos, los cercanos y los lejanos, pues a
todos los sanaré!

—ISAÍAS 57.15, 18-19

Así que no nos cansemos de hacer el bien,
porque si lo hacemos sin desmayar, a su debido
tiempo recogeremos la cosecha.

—GÁLATAS 6.9

Lleven mi yugo y aprendan de mí, que soy
manso y de corazón humilde. Así hallarán
descanso para el alma, porque mi yugo es fácil
de llevar y mi carga es ligera.

—MATEO 11.29-30

Qué hacer cuando sientes
SIN GANAS DE
IR A TRABAJAR

Dios es nuestro amparo y nuestra fuerza, nuestra pronta ayuda en tiempos de tribulación. Por eso no temeremos aunque el mundo se desintegre y los montes se derrumben y caigan al mar. ¡Que rujan los océanos espumantes! ¡Que las montañas se hundan en el mar!

Un río de gozo fluye a través de la ciudad de nuestro Dios, de la santa morada del Dios altísimo. Dios mismo habita en aquella ciudad, la cual por tanto se mantiene firme. Dios lo protegerá al rayar el alba.

—SALMO 46.1-5

En fin, renueven las fuerzas de sus manos cansadas y de sus rodillas debilitadas.

—HEBREOS 12.12

No se angustien por nada; más bien, oren; pídanle a Dios en toda ocasión y denle gracias. Y la paz de Dios, esa paz que nadie puede comprender, cuidará sus corazones y pensamientos en Cristo.

—Filipenses 4.6-7

¡Cántenle, ustedes sus santos! Den gracias a su santo nombre. Un instante dura su ira; su gracia perdura de por vida. Las lágrimas pueden huir la noche entera, pero al amanecer habrá gozo.

—Salmo 30.4-5

Sólo en el Señor confiamos para que nos salve. Sólo él puede ayudarnos; nos protege como escudo. Razón tenemos para regocijarnos en el Señor. Porque confiamos en él. Confiamos en su santo nombre. Sí, Señor, que tu amor nos rodee perennemente, porque sólo en ti reposa nuestra esperanza.

—Salmo 33.20-22

¡Aleluya! ¡Alabado sea el Señor! ¡Qué bueno es cantar sus alabanzas! ¡Qué agradable y justo es alabarle!

Él sana a los quebrantados de corazón y les venda las heridas. Él cuenta las estrellas y las llama por su nombre. ¡Cuán grande es él! ¡Su poder es absoluto! Su entendimiento no tiene fronteras. El Señor sostiene al humilde, pero derriba hasta el polvo al malvado.

—Salmo 147.1, 3-6

QUÉ DEBES SABER
CUANDO . . .

Enséñame, SEÑOR, a seguir cada uno de tus decretos. Dame entendimiento y obedeceré tu ley; y la cumpliré con todo mi corazón. Haz que yo ande por la senda de tus mandamientos, porque es ahí donde encuentro la felicidad.

—SALMO 119.33-35

Qué debes saber cuando
HAY QUE TOMAR
DECISIONES DIFÍCILES

❧━━━━━━━━━━━━━━━━━━━━━━━━━❧

Hacia las montañas levanto la mirada; ¿de dónde vendrá mi ayuda? Mi ayuda viene del SEÑOR, que hizo los cielos y la tierra. No permitirá que resbales y caigas; jamás duerme el que te cuida. De verdad, jamás duerme ni se cansa el que cuida a Israel.

¡El SEÑOR mismo te cuida! El SEÑOR está a tu lado como tu sombra protectora. El sol no te hará daño de día ni la luna de noche. Te guarda de todo mal y protege tu vida. El SEÑOR te cuida cuando vas y cuando vienes, desde ahora y para siempre.

—SALMO 121

¡Oh Dios, mi Dios! ¡Cómo te busco! ¡Qué sed tengo de ti en esta tierra reseca y triste en donde no hay agua! ¡Cómo anhelo encontrarte! ¡Te he visto en tu santuario y he contemplado tu fortaleza y gloria, porque tu amor y bondad son para mí mejor que la vida misma! ¡Cuánto te alabo! Te bendeciré mientras viva, alzando a

ti mis manos en oración. Tú dejas mi alma más
satisfecha que un delicioso banquete; te alabarán
mis labios con gran júbilo.

—Salmo 63.1-5

Hijo mío, obedece siempre los mandamientos y
enseñanzas de tu padre y de tu madre. Grábalos
en tu corazón, cuélgalos alrededor de tu cuello.
Adonde vayas, te servirán de guía; mientras
estés dormido, te protegerán; al despertar, te
aconsejarán. Porque estos mandamientos y
enseñanzas son lámpara que alumbra tu camino
delante de ti; su corrección y consejos son el
camino de la vida.

—Proverbios 6.20-23

Irradio gozo por tu misericordia; porque me
has escuchado en mis tribulaciones y has visto
las crisis de mi espíritu. No me entregaste a mi
enemigo sino que me pusiste en un lugar seguro.

—Salmo 31.7-8

Bendeciré al Señor que me aconseja; aun de
noche me instruye. Me dice qué debo hacer.

Yo sé que el SEÑOR continuamente está conmigo, jamás tendré por qué tropezar y caer, pues él está a mi lado. Por eso tengo el corazón lleno de gozo; mi boca está llena de alabanzas. Todo mi ser descansa con tranquilidad, porque no me dejarás entre los muertos; no permitirás que tu amado se pudra en el sepulcro. Me has dejado saborear los gozos de la vida y los exquisitos placeres de tu presencia eterna.

—SALMO 16.7-11

El hombre propone y Dios dispone.

El hombre piensa que es justo lo que él hace, pero el SEÑOR juzga los motivos.

Pon en manos del SEÑOR todo lo que haces, y tus planes tendrán éxito.

Cuando al SEÑOR le agrada la conducta de un hombre, hasta con sus enemigos los reconcilia.

Es mejor ser pobre y justo, que rico e injusto.

El hombre hace planes, pero es el SEÑOR el que dirige sus pasos.

—PROVERBIOS 16.1-3, 7-9

Bendice a tu siervo dándole vida para que pueda continuar obedeciéndote. Abre mis ojos para que vean las maravillas de tu ley. En esta tierra soy un extranjero; necesito que tus mandamientos me guíen, no los escondas de mí. Estoy agobiado continuamente por el deseo de conocer tus leyes.

Tus leyes son mi deleite y también mis consejeras.

—SALMO 119 17-20, 24

Qué debes saber cuando
DE REPENTE ESTÁS
SIN TRABAJO

Hasta los fuertes leoncillos a veces padecen hambre; pero los que reverenciamos al SEÑOR jamás careceremos de bien alguno.

—SALMO 34.10

Tu inocencia alumbrará como el alba, y tu justicia resplandecerá como el sol de mediodía. Reposa en el SEÑOR; espera con paciencia que él se manifieste. No envidies a los malvados que prosperan o te desesperes por sus perversos planes. ¡Deja el enojo! Aparta la ira, no envidies a otros; con ello sólo te perjudicas. Porque los malvados serán destruidos, pero los que confían en el SEÑOR heredarán la tierra y vivirán tranquilamente.

—SALMO 37.6-9

Con paciencia esperé que Dios me ayudara; entonces él oyó y escuchó mi clamor. Me sacó

del abismo de la desesperación, del pantano y del
lodo; puso mis pies sobre senda dura y firme, y me
fortaleció mientras yo proseguía mi camino. Me
ha dado un nuevo cántico para que lo entone, con
alabanzas a nuestro Dios. Ahora muchos oirán
de las cosas admirables que él hizo; maravillados
estarán ante el SEÑOR, y en él pondrán su
confianza. Muchas bendiciones se derraman sobre
los que confían en el SEÑOR, y no se fían de los
altivos ni de los que confían en ídolos.

  ¡SEÑOR, Dios mío! ¡Cuántas y cuántas veces
has realizado grandes milagros en favor nuestro!
¿Quién más puede hacer tales maravillas?
El tiempo no alcanza para narrar todos tus
maravillosos actos.

—SALMO 40.1-5

  Pero el SEÑOR es bueno. Cuando llegan
la angustia y la desesperación él es el mejor
refugio. Protege a todos los que en él ponen su
confianza; él conoce bien a los que le son fieles.

—NAHÚM 1.7

  SEÑOR, tú me has examinado el corazón y
me conoces muy bien. Sabes si me siento o me

levantó. Cuando estoy lejos, conoces cada uno de mis pensamientos. Trazas la senda delante de mí, y me dices dónde debo descansar. Cada momento sabes dónde estoy. Sabes lo que voy a decir antes que lo diga, Señor. Por delante y por detrás me rodeas, y colocas tu mano sobre mi cabeza.

Conocimiento tan maravilloso está más allá de mi comprensión; tan grande es que no puedo entenderlo. ¡Jamás podré alejarme de tu Espíritu! ¡Jamás podré huir de su presencia! Si me voy al cielo, allí estás tú. Si desciendo al lugar de los muertos, allí estás. Si cabalgo en los vientos matutinos y habito en los lejanos océanos, aun allí me guiará tu mano, tu fuerza me sostendrá. Puedo pedirle a las tinieblas que me oculten; y a la luz que me rodea que se haga noche. Pero aun en las tinieblas no puedo ocultarme de ti; para ti la noche es tan brillante como el día. Para ti son lo mismo las tinieblas que la luz.

Examíname, Dios, y conoce mi corazón; pruébame y conoce mis pensamientos. Señálame lo que en mí te ofende, y guíame por la senda de la vida eterna.

—SALMO 139.1-12, 23-24

Hijo mío, toma en cuenta mis consejos, escucha atentamente mis palabras. No pierdas de vista mis palabras, grábalas en lo más profundo de tu corazón. Porque ellas traen vida y salud a quienes las hallan.

Sobre todas las cosas cuida tu corazón, porque de él brota la vida.

—Proverbios 4.20-23

No se angustien. Confíen en Dios, y confíen también en mí. En la casa de mi Padre hay muchas viviendas; si no fuera así, no les habría dicho que voy a prepararles un lugar. Y si me voy a prepararles un lugar, volveré para llevármelos conmigo. Así ustedes estarán donde yo esté.

—Juan 14.1-3

Qué debes saber cuando
HAY CONFLICTO ENTRE
COMPAÑEROS DEL TRABAJO

Traten a todos con respeto. Amen a los hermanos, honren a Dios y respeten al rey.

Criados, obedezcan y respeten a sus amos, no sólo a los que son buenos y comprensivos sino también a los que son difíciles de soportar, pues es digno de elogio que alguien, por ser responsable ante Dios, soporte penas y sufrimientos injustamente. Pero ustedes no tendrán ningún mérito si los maltratan por hacer lo malo. En cambio, si sufren por hacer lo bueno, eso es algo que a Dios le agrada. Para esto los llamó, para que así como Cristo sufrió por ustedes y les dio el ejemplo, ustedes sigan sus pasos.

«Cristo no cometió ningún pecado ni engañó jamás a nadie».

Cuando lo insultaban, él no respondía con insultos. Cuando lo hacían sufrir, no los amenazaba, sino que se entregaba a Dios y dejaba que él juzgara con justicia.

—1 PEDRO 2.17-23

La respuesta amable calma el enojo, pero la respuesta grosera lo hace encenderse más.

De la lengua de los sabios brota conocimiento; de la boca de los necios necedades.

Los ojos del SEÑOR miran por todas partes, y vigilan a los buenos y a los malos.

La lengua que consuela es un árbol de vida, pero la lengua engañosa lastima el espíritu.

—PROVERBIOS 15.1-4

Si alguien los persigue, no lo maldigan; al contrario, bendíganlo.

Si alguien se alegra, alégrense con él; si alguien está triste, acompáñenlo en su tristeza. Vivan en armonía unos con otros. No sean arrogantes, sino traten como iguales a la gente humilde ¡y no se hagan como que lo saben todo!

Nunca le paguen a nadie mal con mal. Al contrario, busquen hacerles el bien a todos.

Procuren, en lo que les sea posible, estar en paz con todo el mundo. Queridos hermanos, nunca tomen venganza sino déjensela a Dios, porque así está escrito:

«A mí me corresponde vengarme. Yo le daré su pago a cada quien, dice el Señor».

—ROMANOS 12.14-19

Mis queridos hermanos, pongan atención: Todos ustedes deben estar listos para escuchar, pero deben ser lentos para hablar y para enojarse. Porque el enojo no deja a la gente vivir con justicia como Dios quiere. Por eso, despójense de toda suciedad y de la maldad que tanto abunda. De esa manera podrán recibir con humildad la palabra sembrada en ustedes. Esta palabra tiene poder para salvarles la vida.

Pongan en práctica la palabra y no se limiten a sólo escucharla pues de otra manera se engañan ustedes mismos. El que escucha la palabra pero no la pone en práctica es como el que mira su cara en un espejo y, en cuanto se va, se olvida de cómo era. Pero el que pone su atención en la ley perfecta que da libertad, y sigue en ella sin olvidar lo que ha oído y hace lo que ella dice, será dichoso en lo que hace.

—Santiago 1.19-25

La corona del sabio es su sabiduría; la de los necios su necedad.

El que honra al Señor está seguro, y será un refugio para sus hijos.

El honrar al Señor es fuente de vida, y libra al hombre de los lazos de la muerte.

El que controla su enojo es muy inteligente; el que se enoja fácilmente es un necio.

—PROVERBIOS 14.24, 26-27, 29

Hermanos, también les rogamos que reprendan a los perezosos, animen a los desanimados, ayuden a los débiles y tengan paciencia con todos. Asegúrense de que ninguno pague mal por mal. Al contrario, procuren siempre hacer el bien, no sólo entre ustedes sino también a todos los demás. Estén siempre contentos. Oren en todo momento. Den gracias a Dios en cualquier situación, porque esto es lo que Dios quiere de ustedes como creyentes en Cristo Jesús.

—1 TESALONICENSES 5.14-18

Reposa en el SEÑOR; espera con paciencia que él se manifieste. No envidies a los malvados que prosperan o te desesperes por sus perversos planes. ¡Deja el enojo! Aparta la ira, no envidies a otros; con ello sólo te perjudicas. Porque los malvados serán destruidos, pero los que confían en el SEÑOR heredarán la tierra y vivirán tranquilamente.

—SALMO 37.7-9

Qué debes saber cuando
TUS COMPAÑEROS DE TRABAJO
CRITICAN TU FE

Dichosos ustedes cuando alguien los ofenda o persiga o diga todo tipo de mentiras contra ustedes por ser mis discípulos. ¡Alégrense mucho, porque en el cielo les espera una gran recompensa! Así fue como persiguieron a los profetas antiguos.

Ustedes son la sal del mundo. Si la sal pierde el sabor, ¿para qué va a servir? ¡Sólo para que la boten y la pisoteen por inservible!

Ustedes son la luz del mundo. Una ciudad asentada sobre un monte no puede esconderse. Nadie enciende una lámpara para esconderla bajo un cajón, sino que la pone en alto para que alumbre a todos los que están en la casa. ¡Así dejen ustedes brillar su luz ante toda la gente! ¡Que las buenas obras que ustedes realicen brillen de tal manera que la gente adore al Padre celestial!

También conocen el mandamiento que dice: «Ama a tu prójimo y odia a tu enemigo». Pero yo les digo: ¡Amen a sus enemigos! ¡Oren por quienes los persiguen! De esta forma estarán actuando como hijos de su Padre que está en el cielo, porque él da la luz del sol a los malos y a los buenos y envía la lluvia a los justos y a los injustos. Si ustedes aman sólo a los que los aman, ¿qué de extraordinario tiene eso? ¡Aun la gente mala puede hacerlo! Y si sólo saludan a sus hermanos, ¿qué hacen de más? ¡Aun los paganos hacen eso! Ustedes deben ser perfectos, como su Padre que está en los cielos es perfecto.

—MATEO 5.11-16, 43-48

Y dijo luego a los discípulos:

—Si alguien desea seguirme, niéguese a sí mismo, tome su cruz y sígame. Porque el que trate de vivir para sí, perderá la vida; pero el que pierda la vida por mi causa, la hallará. ¿De qué les sirve ganarse el mundo entero y perder la vida eterna? ¿Habrá algún valor terrenal que compense la pérdida del alma? Yo, el Hijo del hombre, vendré con los ángeles en la gloria de mi Padre y juzgaré a cada persona según sus obras. Y algunos de los que están aquí ahora mismo no morirán sin verme venir en mi reino.

—MATEO 16.24-28

«Dios está en contra de los orgullosos, pero a favor de los humildes».

Por eso, obedezcan a Dios. Pónganle resistencia al diablo y él huirá de ustedes. Acérquense a Dios y él se acercará a ustedes. ¡Pecadores, límpiense las manos! ¡Ustedes, inconstantes, purifiquen su corazón!

Humíllense delante del Señor, y él los pondrá en alto.

—Santiago 4.6b-8, 10

El habla de un hombre bueno revela la bondad de su corazón. El corazón del malo está lleno de maldad, y ésta se refleja en sus palabras.

—Mateo 12.35

Queridos hermanos, les pido, como si ustedes fueran extranjeros y estuvieran de paso por este mundo, que se mantengan lejos de los malos deseos que luchan contra la vida. Vivan entre los que no son creyentes de una manera ejemplar, para que aunque hablen mal de ustedes acusándolos de ser malvados, ellos vean las cosas buenas que ustedes hacen y alaben a Dios en el día en que él les pida cuentas a todos.

Por causa del Señor, obedezcan a toda autoridad humana, ya sea al rey porque es el que tiene más autoridad, o a los gobernadores que él ha puesto para castigar a los que hacen lo malo y para honrar a los que hacen lo bueno. Lo que Dios quiere es que ustedes hagan el bien, para que los ignorantes y tontos no tengan nada que decir en contra de ustedes.

—1 PEDRO 2.11-15

Por último, recuerden que su fortaleza debe venir del gran poder del Señor. Vístanse de toda la armadura que Dios les ha dado, para que puedan hacer frente a los engaños astutos del diablo, porque nuestra lucha no es contra seres humanos, sino contra los poderes, las autoridades y los gobernantes de este mundo en tinieblas; o sea, que luchamos contra los espíritus malignos que actúan en el cielo.

Por ello, vístanse de toda la armadura de Dios para que puedan resistir en el día malo y así, al terminar la batalla, estén todavía en pie.

¡Manténganse firmes! Que su ropa de batalla sea la verdad y su protección la justicia. Estén siempre listos para anunciar las buenas nuevas de la paz. Sobre todo, tomen el escudo de la fe para apagar los dardos de fuego que arroja el maligno. Pónganse el casco de la salvación y tomen la espada que les da el Espíritu, que es la Palabra de Dios.

Sobre todo, oren a Dios en todo tiempo. Y cuando lo hagan, sean dirigidos por el Espíritu. Manténganse bien despiertos y vigilantes, y no dejen de orar por todo el pueblo santo de Dios.

—Efesios 6.10-18

Queridos hermanos, no se sorprendan del fuego de la prueba por el que están pasando, como si fuera algo extraño. Al contrario, alégrense de tener parte en los sufrimientos de Cristo, para que también se alegren muchísimo cuando se muestre la gloria de Cristo. Dichosos ustedes si los insultan por causa de Cristo, porque el glorioso Espíritu de Dios está siempre con ustedes.

—1 Pedro 4.12-14

Qué debes saber cuando
NECESITAS CONFIANZA

No temerás al desastre que venga de repente,
ni a la desgracia que caiga sobre los malvados,
porque el SEÑOR estará siempre contigo y evitará
que caigas en la trampa.

—PROVERBIOS 3.25-26

Por eso, no pierdan la confianza, porque
ésta les traerá una gran recompensa. Ustedes
necesitan seguir confiando para que, después de
haber cumplido la voluntad de Dios, reciban lo
que él ha prometido.

—HEBREOS 10.35-36

Hijitos míos, que nuestro amor no sea sólo
de palabra ni de labios para afuera, sino que
amemos de veras y demostrémoslo con hechos.
Así sabremos a ciencia cierta que somos de
la verdad y nos sentiremos seguros ante la
presencia de Dios. Y aunque la conciencia nos

acuse, Dios es más grande que nuestro corazón y él sabe todas las cosas. Pero, amados míos, si nuestro corazón no nos acusa, podemos estar confiados ante Dios, y cualquier cosa que le pidamos la recibiremos, porque obedecemos sus mandamientos y hacemos lo que le agrada. Su mandamiento es que creamos en Jesucristo su Hijo y que nos amemos unos a otros, como lo mandó. El que obedece a Dios vive con Dios y Dios vive en él. Y sabemos que Dios vive en nosotros por el Espíritu Santo que él nos dio.

—I JUAN 3.18-24

Y estamos seguros de que él nos escuchará cuando le pidamos algo que esté de acuerdo con su voluntad. Y si sabemos que él nos oye cuando le hablamos y cuando le presentamos nuestras peticiones, podemos estar seguros de que nos contestará.

—I JUAN 5.14-15

Les aseguro que el que cree en mí hará las mismas obras que yo hago, y hará obras todavía mayores porque yo vuelvo al Padre. Todo lo que ustedes pidan en mi nombre, yo lo haré; así el

Padre será glorificado en el Hijo. Yo haré lo que ustedes pidan en mi nombre.

Si ustedes me aman, obedecerán mis mandamientos. Y yo le pediré al Padre, y él les enviará otro Consolador para que siempre esté con ustedes.

—Juan 14.12-16

Todo lo puedo en Cristo que me da fortaleza.

—Filipenses 4.13

¿Quién podrá apartarnos del amor de Cristo? ¿El sufrimiento, la angustia, la persecución, el hambre, la pobreza, el peligro, las amenazas de muerte?

Las Escrituras dicen:

«Por tu causa nos amenazan de muerte todo el tiempo, nos tratan como a ovejas de matadero».

A pesar de todo, nuestra victoria es absoluta, gracias a Cristo que nos amó.

Estoy convencido de que nada podrá apartarnos de su amor; ni la muerte, ni la vida, ni los ángeles, ni los demonios, ni lo presente, ni lo que está por venir, ni los poderes, ni lo alto, ni lo profundo, ni cosa alguna de toda la creación.

¡Nada podrá separarnos del amor que Dios nos ha demostrado en Cristo Jesús, nuestro Señor!

—ROMANOS 8.35-39

Qué hacer cuando . . .

Enseña al sabio, y será más sabio; enseña al justo, y aprenderá más. Lo primero que hay que hacer para adquirir sabiduría es honrar al Señor; conocer al Santo es tener inteligencia. La sabiduría aumentará tus días y añadirá años a tu vida. Si eres sabio, tu recompensa será la sabiduría; si eres desvergonzado, tú serás el único que sufra.

—Proverbios 9.9-12

Qué hacer cuando
SE TE PIDE HACER
ALGO INMORAL

No envidies a los malvados, no busques su
compañía; pues se pasan el tiempo tramando
violencia y no hablan más que de buscar
problemas.

Con sabiduría se construye la casa y con
inteligencia sus cimientos; con conocimiento
se llenan sus cuartos de toda clase de riquezas y
cosas valiosas.

El hombre sabio es más poderoso que el
hombre fuerte. La guerra se hace con buena
estrategia, la victoria se alcanza con muchos
consejeros.

—PROVERBIOS 24.1-6

Hijo mío, si los pecadores quieren engañarte,
¡no se los permitas! Ellos te pueden decir:
«Ven con nosotros; sólo por gusto atrapemos
y matemos algún inocente cuando pase.
Nos tragaremos vivo a alguien, como el
sepulcro se traga a los hombres que caen
en él. Obtendremos toda clase de riquezas;

llenaremos nuestras casas con todo lo robado. Ven, comparte tu suerte con nosotros; nos repartiremos todo lo que obtengamos».

¡No les hagas caso, hijo mío! Apártate de sus caminos, porque sus pies se apresuran hacia el mal; ¡tienen prisa por derramar sangre! Cuando el pájaro ve que le ponen una trampa no se acerca, pero estos hombres se meten en la trampa ellos mismos y acaban con su propia vida. Así terminan los ambiciosos; esta ambición acaba con su vida.

—Proverbios 1.10-19

Señor, amo tu santuario en donde mora tu gloria.

No me dejes sufrir la misma suerte de los pecadores; no me condenes junto con los asesinos. Sus manos están llenas de artimañas y constantemente reciben sobornos.

No, no soy así, Señor; hago lo que es correcto; sálvame, pues, por piedad.

En público alabo al Señor que me libra de resbalar y caer.

—Salmo 26.8-12

No se dejen engañar por los que tratan de excusar estos pecados, porque por esos pecados el castigo de Dios viene sobre los que son desobedientes.

No se hagan cómplices de esa clase de personas. Aunque ustedes antes vivían en tinieblas, ahora viven en la luz. Esa luz debe notarse en su conducta como hijos de Dios. Cuando esa luz brilla, produce bondad, justicia y verdad. Traten siempre de saber qué es lo que le agrada al Señor.

No participen de las acciones malas de los que viven en oscuridad, las cuales no traen ningún provecho. Más bien, háganles ver sus pecados. Es vergonzoso aun hablar de muchas de las cosas que ellos hacen a escondidas.

—EFESIOS 5.6-12

Hijo mío, qué gozo tendré si llegas a ser un hombre sabio; hasta en lo más profundo de mi ser me alegraré cuando hables con justicia y rectitud.

No envidies a los malos; más bien, sigue siempre honrando al SEÑOR. Porque seguramente hay esperanza más adelante para ti, la cual no será destruida.

—PROVERBIOS 23.15-18

No amen al mundo ni lo que hay en él. El que ama al mundo no ama al Padre, porque nada de lo que hay en el mundo —las pasiones sexuales, el deseo de poseer todo lo que agrada y el orgullo de poseer riquezas— proviene del Padre sino del mundo. Y el mundo se está acabando y con él todos sus malos deseos. Pero el que hace la voluntad de Dios permanece para siempre.

—1 Juan 2.15-17

Qué hacer cuando
ENFRENTAS UNA CRISIS

Si haces del Señor tu refugio, del Altísimo tu protección, ningún mal te dominará; ninguna calamidad llegará a tu hogar.

Porque él ordena a sus ángeles que te protejan por dondequiera que vayas. Te sostendrán con sus manos y evitarán que tropieces con las piedras del camino. Pisotearás al león y a la serpiente venenosa; aplastarás a leones feroces y víboras bajo tus pies.

Porque el Señor dice: «Por cuanto me ama, yo lo libraré; lo protegeré porque confía en mi nombre. Cuando me llame, yo responderé; estaré con él en la angustia, lo libraré y lo honraré. Le daré muchos años de vida y le daré mi salvación».

—SALMO 91.9-16

Dejen en las manos de Dios todas sus preocupaciones, porque él cuida de ustedes.

Tengan cuidado y estén siempre alertas, pues su enemigo, el diablo, anda como león rugiente buscando a quién devorar. Resistan sus ataques manteniéndose firmes en la fe. Recuerden que los hermanos de ustedes en todo el mundo están soportando la misma clase de sufrimientos. Y después que ustedes hayan sufrido por un poco de tiempo, Dios mismo los restaurará, los hará fuertes, firmes, y les dará seguridad.

—I PEDRO 5.7-10

Pero yo clamaré al SEÑOR, él me salvará. Oraré de mañana, al medio día y de noche, suplicándole a Dios; él escuchará. Aunque son muchos los que están en contra mía, él me rescata y me salva de la batalla que se libra contra mí.

Lleva tus cargas al SEÑOR, él te sostendrá. No permitirá que el santo resbale o caiga.

—SALMO 55.16-18, 22

Escucha atentamente mi oración, oh Dios. Escucha mi urgente clamor. A ti clamaré cuando me llegue la angustia, y tú me responderás.

SEÑOR, no hay entre dioses paganos un Dios como tú, ni hay milagros como los tuyos.

Todas las naciones que has creado vendrán y se inclinarán ante ti, SEÑOR, y alabarán tu grande y santo nombre. Porque tú eres grande y haces grandes maravillas. Sólo tú eres Dios.

—SALMO 86.6-10

El SEÑOR levanta a los caídos y sostiene a los agobiados.

El SEÑOR es justo en todo lo que hace, y lleno de bondad. El SEÑOR está cerca de cuantos lo llaman, sí, de todos los que llaman sinceramente. Él cumple los deseos de quienes le temen; escucha su clamor de auxilio y los rescata. El SEÑOR protege a todos los que lo aman, pero destruye a los malvados.

—SALMO 145.14, 17-20

Escucha atentamente mi oración, oh Dios. Escucha mi urgente clamor. A ti clamaré cuando me llegue la angustia, y tú me responderás.

SEÑOR, no hay entre dioses paganos un Dios como tú, ni hay milagros como los tuyos. Todas las naciones que has creado vendrán y se inclinarán ante ti, SEÑOR, y alabarán tu grande y santo nombre. Porque tú eres grande y haces grandes maravillas. Sólo tú eres Dios.

—Salmo 86.6-10

Porque clamé a él y él me respondió. Me libró de todos mis temores. Otros también estaban radiantes por lo que él había hecho por ellos. No estaban cabizbajos ni avergonzados. Este pobre clamó al Señor; el Señor lo escuchó y lo libró de todas sus tribulaciones. Porque el ángel del Señor acampa alrededor de todos los que le temen y los libra.

¡Pongan a prueba a Dios, y verán cuán bueno es! Dichosos todos los que confían en él.

—Salmo 34.4-8

Aunque el Señor es grande, toma en cuenta a los humildes, y está lejos de los orgullosos. Aunque me rodeen tribulaciones, tú me librarás de la ira de mis enemigos. Contra el enojo de mis enemigos extenderás tu mano. Tu poder me salvará. El Señor cumplirá sus planes para mi vida. Porque tu gran amor, Señor; es para siempre. No me abandones, pues tú me hiciste.

—Salmo 138.6-8

Ahora, oh Israel, el SEÑOR, quien te creó, dice: ¡No temas, pues yo te rescaté, yo te llamé por tu nombre, eres mío! Cuando pases por aguas profundas de gran tribulación, yo estaré contigo. Cuando pases por ríos no te ahogarás. Cuando pases por fuego no te quemarás, las llamas no te consumirán. Porque yo soy el SEÑOR tu Dios, tu Salvador, el Santo de Israel.

—ISAÍAS 43.1-3A

Qué hacer cuando
ALGUIEN DICE
MENTIRAS DE TI

Los orgullosos han inventado calumnias en mi contra, pero lo cierto es que yo obedezco tus mandamientos de todo corazón. Sus corazones son torpes y necios, pero yo me deleito en tu ley.

Me hizo bien haber sido afligido, pues me enseñó a poner atención a tus leyes. Ellas son para mí más valiosas que millones en oro y plata.

—SALMO 119.69-72

¿Hasta cuándo estarán en contra de un hombre tratando de matarlo? Para ellos soy como un muro inclinado o una cerca a punto de caer. Planean derribarme de mi lugar de grandeza. Aman el decir mentiras acerca de mí. ¡Qué amistosos se me muestran; mientras en el corazón me maldicen! Pero yo callo ante el SEÑOR, porque en él está mi esperanza. Sí, sólo él es mi roca, y mi salvación; él es mi refugio. ¡Jamás habré de caer! Mi salvación y mi gloria proceden sólo de Dios. Él es mi refugio, la roca en donde ningún enemigo podrá alcanzarme.

—SALMO 62.3-7

El testigo falso no se escapará del castigo, tampoco el mentiroso se librará.

El que adquiere sabiduría a sí mismo se ama; el que posee entendimiento prospera.

El testigo falso no se escapará del castigo, y el mentiroso será destruido.

—PROVERBIOS 19.5, 8-9

No toleraré a nadie que en secreto calumnie a su prójimo; y no permitiré la vanidad ni el orgullo. Mantendré mis ojos sobre los fieles de la tierra, para que habiten conmigo seguros. Sólo quienes tengan una conducta intachable serán siervos míos. Pero no permitiré engañadores en mi casa; a los que mienten no se les permitirá estar en mi presencia. Diariamente me dedicaré a descubrir a los delincuentes y a librar de sus garras a la ciudad de Dios.

— SALMO 101.5-8

El testigo honesto dice la verdad, pero el falso dice mentiras.

Hay quienes hieren con sus palabras, pero las palabras del sabio traen alivio.

Los labios que dicen la verdad permanecen para siempre, pero la lengua mentirosa dura sólo un momento.

Llenos de engaño están los corazones de los que traman el mal, pero el gozo inunda los corazones de los que promueven la paz.

Al hombre justo no le vendrá ningún mal, pero el malvado se llenará de males.

El SEÑOR aborrece a los mentirosos, pero le agradan los que viven en la verdad.

—PROVERBIOS 12.17-22

Calumniar a alguien es tan dañino como herirlo con un hacha, atravesarlo con la espada o clavarle una flecha aguda.

Confiar en un hombre indigno en momentos de angustia es como masticar con una muela careada o caminar con una pierna rota.

Cantar canciones al que tiene afligido el corazón es como robarle el abrigo en pleno frío o echarle vinagre en una herida.

—PROVERBIOS 25.18-20

El Señor está harto, ¡hasta el cansancio! de
este tipo de gente:

del altanero, el que ama la mentira, del
malvado, del que sólo piensa en hacer el mal,
del testigo falso y del que causa división entre
hermanos.

Hijo mío, obedece siempre los mandamientos
y enseñanzas de tu padre y de tu madre.
Grábalos en tu corazón, cuélgalos alrededor
de tu cuello. Adonde vayas, te servirán de
guía; mientras estés dormido, te protegerán;
al despertar, te aconsejarán. Porque estos
mandamientos y enseñanzas son lámpara que
alumbra tu camino delante de ti; su corrección y
consejos son el camino de la vida.

—PROVERBIOS 6.16-23

Qué hacer cuando
HAS TRANSIGIDO
EN TU INTEGRIDAD

Si tú tomaras en cuenta nuestros pecados
¿quién, SEÑOR, podría seguir vivo? Pero tú
ofreces perdón, para que aprendamos a temerte.
Yo espero en el SEÑOR; sí, espero en él. He
puesto mi esperanza en su palabra.

—SALMO 130.3-5

Por lo tanto, si afirmamos que somos amigos
suyos y seguimos viviendo en las tinieblas,
mentimos y no estamos poniendo en práctica la
verdad. Pero si, al igual que Cristo, vivimos en
la luz, entre nosotros habrá compañerismo, y la
sangre de Jesucristo el Hijo de Dios nos limpiará
de todo pecado.

Si decimos que no tenemos pecado, estamos
engañándonos a nosotros mismos y no tenemos
la verdad. Pero si confesamos a Dios nuestros
pecados, él, que es fiel y justo, nos perdonará y
nos limpiará de toda maldad.

—1 JUAN 1.6-9

No quiere decir que yo ya lo haya conseguido todo, ni que ya sea perfecto; pero sigo adelante trabajando para poder alcanzar aquello para lo que Cristo Jesús me salvó a mí. Hermanos, no pienso que yo ya lo haya alcanzado. Más bien, sigo adelante trabajando, me olvido de lo que quedó atrás y me esfuerzo por alcanzar lo que está adelante. De esta manera sigo adelante hacia la meta, para ganar el premio que Dios ofrece por medio de su llamado celestial en Cristo Jesús.

—FILIPENSES 3.12-14

Yo no me entiendo a mí mismo, porque no hago lo que quiero, sino lo que aborrezco.

Sé bien que si hago lo que no quiero hacer, entonces la ley es buena. De manera que no soy yo el que lo hace. Es el pecado que está dentro de mí.

Yo sé que en mi vieja naturaleza no hay nada bueno. Pues aunque quiero hacer lo bueno, no puedo. Cuando quiero hacer el bien, no lo hago; y cuando trato de no hacer lo malo, lo hago de todos modos. Entonces, si hago lo que no quiero hacer, está claro cuál es el problema: es el pecado que vive en mí.

Así que, queriendo hacer el bien, me enfrento a esta ley: el mal vive en mí. En mi interior, quisiera obedecer la voluntad de Dios, pero me doy cuenta de que en los miembros de mi cuerpo hay otra ley, que es la ley del pecado. Esta ley está en guerra contra mi mente, y me tiene cautivo.

¡Qué triste es el estado en que me encuentro!

¿Quién me libertará de la esclavitud de esta mortal naturaleza pecadora?

¡Gracias a Dios que Cristo lo ha logrado!

En conclusión: con mi mente sirvo a la ley de Dios pero con mi naturaleza pecaminosa a la ley del pecado.

Así que a los que están unidos a Jesucristo ya no les espera ninguna condenación, porque el poder vivificador del Espíritu, poder que reciben a través de Jesucristo, los libera del poder del pecado y de la muerte.

—ROMANOS 7.15—8.2

Purifícame con hisopo, y volveré a ser puro. Lávame, y seré más blanco que la nieve. Devuélveme mi gozo y alegría; me has quebrantado, ahora déjame gozarme. Aparta tu rostro de mis pecados y borra toda mi maldad.

Crea en mí un corazón limpio, Dios, y renueva la rectitud de mi espíritu. No me arrojes de tu presencia. No quites de mí tu santo Espíritu. Devuélveme el gozo de tu salvación y dame anhelo de obedecerte.

—SALMO 51.7-12

Ten piedad, oh SEÑOR, pues en ti espero continuamente. Dame la felicidad, SEÑOR, pues mi vida depende de ti. ¡Oh SEÑOR, qué bueno y perdonador eres; qué gran amor tienes por todos los que te piden ayuda!

—SALMO 86.3-5

Qué hacer cuando
NECESITAS PEDIRLE PERDÓN A UN
COMPAÑERO DE TRABAJO

Si decimos que no tenemos pecado, estamos engañándonos a nosotros mismos y no tenemos la verdad. Pero si confesamos a Dios nuestros pecados, él, que es fiel y justo, nos perdonará y nos limpiará de toda maldad. Si afirmamos que no hemos pecado, estamos diciendo que Dios es mentiroso, y eso muestra que su palabra no habita en nosotros.

—1 JUAN 1.8-10

Por eso, confiésense unos a otros sus pecados, y oren unos por otros para que sean sanados. La oración del justo es poderosa y eficaz.

—SANTIAGO 5.16

Y Dios, que conoce los corazones, entiende lo que el Espíritu dice, porque pide por nosotros de acuerdo con la voluntad de Dios.

Además, sabemos que si amamos a Dios,
él hace que todo lo que nos suceda sea para
nuestro bien. Él nos ha llamado de acuerdo con
su propósito.

—ROMANOS 8.27-28

Como yo disciplino y castigo a los que amo,
tendré que castigarte si no abandonas esa
indiferencia y te arrepientes.

—APOCALIPSIS 3.19

Alaba, alma mía al SEÑOR; alabe todo mi ser
su santo nombre. Alaba, alma mía, al SEÑOR, y
no olvides ninguna de las cosas buenas que él te
da. Él perdona todos tus pecados y sana todas
tus enfermedades, y rescata tu vida del sepulcro.
Te rodea de tierno amor y misericordia. Llena tu
vida de cosas buenas. Te rejuvenece como a las
águilas.

—SALMOS 103.1-5

Qué hacer cuando
TUS AMIGOS Y VECINOS ANDAN EN
OSCURIDAD TOTAL

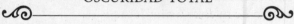

Ustedes son la luz del mundo. Una ciudad asentada sobre un monte no puede esconderse. Nadie enciende una lámpara para esconderla bajo un cajón, sino que la pone en alto para que alumbre a todos los que están en la casa. ¡Así dejen ustedes brillar su luz ante toda la gente! ¡Que las buenas obras que ustedes realicen brillen de tal manera que la gente adore al Padre celestial!

—MATEO 5.14-16

Pero ustedes, hermanos, no están en la oscuridad para que ese día los sorprenda como un ladrón. Todos ustedes son hijos de la luz y del día. No somos de la noche ni de la oscuridad. Por eso, no debemos dormirnos como los demás, sino mantenernos alerta y en nuestro sano juicio. Los que duermen, de noche duermen, y los que se emborrachan, de noche se emborrachan. Nosotros, por el contrario, somos del día. Por eso estamos siempre en nuestro sano juicio, protegidos por la coraza de la fe y del amor, y por el casco de la esperanza de salvación. Porque Dios no nos llamó para sufrir el castigo sino para recibir la salvación por medio de nuestro Señor Jesucristo.

—1 Tesalonicenses 5.4-9

Jesús les dijo:

—Ustedes van a tener la luz un poco más de tiempo. Caminen mientras tienen la luz, antes que los sorprenda la oscuridad; porque el que camina en la oscuridad no sabe a dónde va. Mientras tienen la luz, crean en ella, para que sean hijos de la luz.

Después de decir esto, Jesús se fue y se escondió de ellos.

—Juan 12.35-36

Dios amó tanto al mundo, que dio a su único Hijo, para que todo el que cree en él no se pierda, sino tenga vida eterna. Dios no envió a su Hijo para condenar al mundo, sino para salvarlo por medio de él.

—Juan 3.16-17

Si declaras con tu boca que Jesús es el Señor y crees de corazón que Dios lo levantó de entre los muertos, Dios te salvará. Porque a quien cree de corazón, Dios lo da por justo; y a quien reconoce a Jesús, Dios lo salva.

—ROMANOS 10.9-10

Jesús, una vez más le habló a la gente diciendo:

—Yo soy la luz del mundo. El que me sigue no andará en oscuridad, porque tendrá la luz de la vida.

—JUAN 8.12

Más bien, honren en su corazón a Cristo como Señor. Estén siempre listos para responder a todo el que les pida explicaciones sobre la esperanza que ustedes tienen.

—1 PEDRO 3.15

No olviden ustedes, amados hermanos, que para el Señor un día es como mil años, y mil años como un día. El Señor no demora el cumplimiento de su promesa, como algunos suponen. Más bien lo que quiere es que nadie se pierda, por lo que está alargando el plazo para que todos se arrepientan.

—2 PEDRO 3.8-9

Qué hacer cuando
UN AMIGO NECESITA
QUE LE DES ÁNIMO

¡Bendito sea el Dios y Padre de nuestro Señor Jesucristo, Padre misericordioso y Dios de toda consolación! Él nos consuela en todas nuestras tribulaciones, para que podamos consolar a todos los que sufren, con el mismo consuelo que él nos prodigó.

—2 CORINTIOS 1.3-4

Sí que anímense y ayúdense unos a otros a crecer, como ya lo están haciendo.

Hermanos, les pedimos que respeten a los que trabajan entre ustedes, los guían y reprenden en el Señor. Estímenlos mucho y ámenlos por el trabajo que hacen. Vivan en paz unos con otros.

—1 TESALONICENSES 5.11-13

Después de todo, en el reino de Dios lo más importante no es comer ni beber, sino practicar la justicia y la paz y tener el gozo del Espíritu

Santo. El que de esta manera sirve a Cristo, le causa alegría a Dios y es respetado por la gente.

Por tanto, hagamos todo lo que sea posible para contribuir a la armonía en la iglesia y a la edificación mutua.

—ROMANOS 14.17-19

No finjan amar; amen de veras. Aborrezcan lo malo; pónganse de parte del bien. Ámense con cariño de hermanos y deléitense en el respeto mutuo.

No sean perezosos; sirvan al Señor con el entusiasmo que da el Espíritu. Regocíjense en la esperanza, tengan paciencia si sufren y nunca dejen de orar.

Cuando vean a algún hermano en necesidad, corran a ayudarlo. Y fórmense el hábito de ofrecer alojamiento a los que lo necesiten.

—ROMANOS 12.9-13

Yo, pues, que estoy prisionero por servir al Señor, les ruego con todo cariño que se comporten como es digno de los que han sido llamados por Dios. Sean totalmente humildes y amables. Sean pacientes entre ustedes y, por amor, sean tolerantes unos con otros. Esfuércense por mantener la unidad creada por el Espíritu, por medio de la paz que nos une.

Somos un solo cuerpo y tenemos un mismo Espíritu; además, hemos sido llamados a una misma esperanza. Sólo hay un Señor, una fe y un bautismo; y tenemos el mismo Dios y Padre, que está sobre todos nosotros. Él actúa por medio de todos nosotros y está en todos nosotros.

Sin embargo, debido a su amor, Cristo nos ha dado a cada uno de nosotros dones diferentes.

—EFESIOS 4.1-7

Así que, si se sienten animados al estar unidos a Cristo, si sienten algún consuelo en su amor, si todos tienen el mismo Espíritu, si tienen algún afecto verdadero, llénenme de alegría poniéndose de acuerdo unos con otros, amándose entre ustedes y estando unidos en alma y pensamiento. No hagan nada por egoísmo o vanidad. Más bien, hagan todo con humildad, considerando a los demás como mejores que ustedes mismos. Cada uno debe buscar no sólo su propio bien, sino también el bien de los demás.

La actitud de ustedes debe ser como la de
Cristo Jesús.

—FILIPENSES 2.1-5

Por cuanto Dios los escogió y son santos y
amados, practiquen con sinceridad la compasión
y la bondad. Sean humildes, amables y buenos.
Sopórtense unos a otros y perdonen a quienes
se quejen de ustedes. Si el Señor los perdonó,
ustedes están obligados a perdonar. Y sobre
todo, vístanse de amor, que es lo que permite
vivir en perfecta armonía. Que la paz de Dios
reine en sus corazones, porque ese es su deber
como miembros del cuerpo de Cristo. Y sean
agradecidos.

Mantengan vívidas en su memoria las
enseñanzas de Cristo en toda su abundancia, y
enséñense y aconséjense unos a otros con toda
sabiduría. Transmítanlas a otros, con salmos,
himnos y cánticos espirituales elevados al Señor
con corazones agradecidos. Y todo lo que hagan
o digan, háganlo en el nombre del Señor Jesús,
y por medio de él acérquense a la presencia de
Dios con acción de gracias.

—COLOSENSES 3.12-17

Les hablo así, hermanos, porque ustedes fueron llamados a ser libres. Pero no usen esa libertad para dar rienda suelta a sus pasiones. Más bien sírvanse unos a otros con amor. Toda la ley se resume en este mandamiento: «Amarás a tu prójimo como a ti mismo».

—GÁLATAS 5.13-14

Qué dice la
Biblia acerca de . . .

Con sabiduría el Señor fundó la tierra, con inteligencia estableció los cielos. Por su conocimiento se separaron las aguas, las nubes derramaron la lluvia. Hijo mío, sé prudente y no pierdas de vista la discreción, porque ellas te llenarán de vida y te adornarán como un collar. Podrás andar seguro en esta vida, sin problemas ni tropiezos.

—Proverbios 3.19-23

Qué dice la Biblia acerca de

LA TENTACIÓN SEXUAL

Por lo tanto, el que piense que está firme, tenga cuidado de no caer. Ustedes no han pasado por ninguna tentación que no sea común al género humano. Pero pueden estar confiados en la fidelidad de Dios, que no dejará que la tentación sea más fuerte de lo que puedan resistir. Dios les mostrará la manera de resistir la tentación y escapar de ella.

—1 CORINTIOS 10.12-13

Así que les aconsejo que vivan por el poder del Espíritu. De esa manera no obedecerán los deseos de la naturaleza pecaminosa, porque ésta va en contra de lo que el Espíritu quiere, y el Espíritu desea lo que va en contra de la naturaleza pecaminosa. Estos dos se oponen entre sí, y por eso ustedes no pueden hacer lo que quieren. Pero si a ustedes los guía el Espíritu, ya no están bajo la ley.

Estas son las obras de la naturaleza
pecaminosa: inmoralidad sexual, impureza y
libertinaje.

—GÁLATAS 5.16-19

«Todo me está permitido», pero no todo es
para mi bien. «Todo me está permitido», pero
no haré nada que luego pueda dominarme. «Los
alimentos son para el estómago y el estómago
para los alimentos», y así es, aunque Dios los
destruirá a ambos.

Ahora bien, el cuerpo no está hecho para la
inmoralidad sexual, sino para el Señor; y el Señor
para el cuerpo. Un día, con su poder, Dios va
a resucitar nuestro cuerpo al igual que resucitó
al Señor. ¿No comprenden que sus cuerpos son
miembros de Cristo? ¿Tomaremos un miembro
de Cristo y lo uniremos a una prostituta? ¡Jamás!
¿No saben que cuando un hombre se une a una
prostituta se hace parte de ella y ella de él? Dios
nos dice en las Escrituras que «los dos se vuelven
una sola persona». Pero cuando alguien se une al
Señor, el Señor y esa persona se vuelven uno en el
Espíritu.

Por eso, precisamente, les digo que huyan de
los pecados sexuales. Ningún otro tipo de pecado

afecta al cuerpo como éste. Cuando uno comete esos pecados, peca contra su propio cuerpo. ¿No saben que el cuerpo es templo del Espíritu Santo, que Dios les dio, y que el Espíritu habita en ustedes? Ustedes no son sus propios dueños, porque Dios nos compró a gran precio. Por tanto, honren con su cuerpo a Dios.

—1 Corintios 6.12-20

Dichoso el que permanece firme durante la prueba, porque cuando la supera, recibe la corona de la vida que Dios ha prometido a los que lo aman. Nadie debe decir, cuando es tentado, que es Dios el que lo tienta. Porque Dios no puede ser tentado por el mal, ni él tampoco tienta a nadie.

Al contrario, cada uno es tentado por sus propios malos deseos que lo arrastran y seducen. Los malos deseos dan a luz el pecado. Después, cuando el pecado se desarrolla completamente, da a luz la muerte.

Mis queridos hermanos, no se engañen. De lo alto nos viene todo lo bueno y perfecto. Allí es donde está el Padre que creó todos los astros del cielo, y que no cambia como las sombras.

—Santiago 1.12-17

Disfruta del amor, pero sólo con tu esposa.
Tu amor y fidelidad le corresponden sólo a ella;
¡jamás se los entregues a otra! Recuerda que el
goce del matrimonio solo le pertenece a los dos,
y nadie debe inmiscuirse en él. ¡Bendita sea
tu esposa, la mujer de tu juventud! Ella es una
gacela amorosa y agradable. ¡Que sus pechos te
dejen siempre satisfecho! ¡Que su amor siempre
te cautive! Hijo mío, ¡no te enredes con la mujer
infiel! ¡Aléjate de sus caricias! Recuerda que el
Señor mira todo lo que hacemos, no pierde de
vista ninguno de nuestros actos.

—PROVERBIOS 5.15-21

Hijo mío, obedece mis palabras y atesora mis
mandamientos. Obedece mis mandamientos y
vivirás; cuida mis enseñanzas como la niña de tus
ojos. Átalos a tus dedos, grábalos en lo profundo
de tu corazón. Ama la sabiduría como a una
hermana, y a la inteligencia como a un pariente
tuyo. Ellas te librarán de la mujer infiel y de la
adúltera y de sus palabras seductoras. Miraba yo
por la ventana de mi casa, a través de la celosía,
a unos jóvenes sin experiencia, y entre ellos me
fijé en un joven falto de sentido común. Cruzó
la calle al llegar a la esquina, y caminó hacia la

casa de esa mujer. Empezaba a oscurecer, el día llegaba a su fin. Entonces la mujer se le acercó, vestida seductoramente y actuando con astucia. Escandalosa y desvergonzada, que no puede quedarse en su casa. Que anda por las calles y por las plazas buscando atrapar a alguien en las esquinas.

Lo abrazó por el cuello, lo besó, y con descaro le dijo: «He ofrecido sacrificios de paz, y acabo de cumplir mis votos. Por eso salí a tu encuentro, te busqué, ¡y te he encontrado! Mi cama está tendida con sábanas del mejor lino importado de Egipto, la he perfumado con mirra, áloe y canela. Ven, hagamos el amor hasta que llegue el nuevo día, pues mi esposo no está en casa, anda en un largo viaje; se ha llevado una bolsa llena de dinero, y no regresará hasta el día de la luna llena».

Con palabras suaves la mujer infiel convenció a ese jovencito; lo sedujo con halagos y mimos. En un momento él la siguió, como el buey que va camino al matadero, como ciervo que cae en la trampa, en espera de la flecha que le partirá el corazón; como el ave que va directo a la red, sin darse cuenta que ahí perderá la vida. Escúchame, hijo mío, y pon atención a mis palabras. No dejes que tu corazón se desvíe hacia ella; ni te pierdas en sus caminos; porque muchos han muerto por causa suya; muchos hombres han sido sus víctimas. Su casa es la puerta por la que llegas rápido a la muerte.

—PROVERBIOS 7

Pero al que se acuesta con la mujer de otro le falta la capacidad de pensar, pues se destruye a sí mismo. Sólo sacará heridas y vergüenza, y su deshonra no se podrá borrar. Porque el esposo estará furioso por los celos, y no perdonará el día de la venganza. No aceptará ningún desagravio, ni perdonará por muchos regalos que se le ofrezca.

—PROVERBIOS 6.32-35

Qué dice la Biblia acerca de

EL CHISME

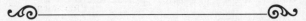

El imprudente desprecia a su prójimo, pero el prudente guarda silencio.

El chismoso revela los secretos, pero el hombre confiable los guarda.

Por la falta de un buen gobierno, la nación fracasa; pero con muchos consejeros tendrá éxito.

—PROVERBIOS 11.12-14

El que acepta la corrección, va camino a la vida; el que la rechaza, va camino a la perdición.

El que esconde su odio es un mentiroso; el que esparce calumnias es un necio.

En las palabras del que habla mucho, seguramente encontrarás pecado; el sabio sabe cuando callar.

La lengua del justo es plata refinada, pero el corazón del malvado no vale nada.

Los labios del justo aconsejan a muchos, pero los necios mueren por falta de sentido común.

—PROVERBIOS 10.17-21

Sin leña se apaga el fuego, y sin chismes se acaba el pleito.

El carbón es para hacer brasas, la leña para hacer fuego, y el hombre pendenciero para empezar pleitos.

Los chismes son como bocados sabrosos; llegan hasta lo más profundo del corazón.

—PROVERBIOS 26.20-22

El chismoso cuenta los secretos; no te juntes con el que habla de más.

—PROVERBIOS 20.19

El hijo sabio acepta la corrección de su padre; el descarado no quiere escucharla.

El que habla el bien, cosechará el bien, pero los traidores tienen hambre de violencia.

El que cuida sus palabras, cuida su vida; el que descuida sus palabras provoca su propia ruina.

—PROVERBIOS 13.1-3

Hermanos míos, no procuren muchos de ustedes ser maestros, pues como ustedes saben, seremos juzgados con más severidad. Todos fallamos mucho; y si alguien no falla en lo que dice, es una persona perfecta que puede dominar todo su cuerpo. Cuando les ponemos freno en la boca a los caballos, podemos hacer que nos obedezcan y así los dominamos. Fíjense también en los barcos. A pesar de que son muy grandes y de que los empujan los fuertes vientos, el piloto lo dirige por donde quiere con un pequeño timón. Lo mismo pasa con la lengua. Es un miembro muy pequeño del cuerpo, pero hace alarde de grandes cosas. ¡Piensen que con una pequeña chispa se puede incendiar un gran bosque! La lengua es como un fuego, un mundo de maldad. Es uno de nuestros órganos y contamina todo el cuerpo; y encendida por el infierno, prende fuego a todo el curso de la vida.

Con la lengua bendecimos a nuestro Señor y Padre, y también con ella maldecimos a las personas que han sido creadas a imagen de Dios. De una misma boca salen bendiciones y maldiciones.

Hermanos míos, esto no debe ser así.

El que es sabio y entendido entre ustedes es el que lo demuestra con su buena conducta, y con acciones hechas con humildad y sabiduría.

—SANTIAGO 3.1-6, 9-10, 13

La respuesta amable calma el enojo, pero la respuesta grosera lo hace encenderse más.

De la lengua de los sabios brota conocimiento; de la boca de los necios necedades.

Los ojos del SEÑOR miran por todas partes, y vigilan a los buenos y a los malos.

La lengua que consuela es un árbol de vida, pero la lengua engañosa lastima el espíritu.

El necio menosprecia la corrección de su padre; el que la toma en cuenta demuestra inteligencia.

—PROVERBIOS 15.1-5

El SEÑOR aborrece a los mentirosos, pero le agradan los que viven en la verdad.

—PROVERBIOS 12.22

Qué dice la Biblia acerca de

La lealtad

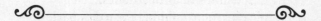

Hermanos míos, ¿de qué le sirve a uno decir que tiene fe si no lo demuestra con sus acciones? ¿Acaso podrá salvarlo esa fe? Por ejemplo: un hermano o una hermana no tiene ropa para vestirse y tampoco tiene el alimento necesario para cada día. Si uno de ustedes le dice: «Que te vaya bien, abrígate y come todo lo que quieras», pero no le da lo que necesita su cuerpo, ¿de qué le sirve? Así pasa también con la fe: por sí sola, sin acciones, está muerta. Pero alguien puede decir: «Tú tienes fe, y yo tengo acciones. Pues bien, muéstrame tu fe sin las acciones, y yo te mostraré mi fe por medio de mis acciones».

—Santiago 2.14-18

Cuando yo, el Hijo del hombre, venga en todo mi esplendor junto con los ángeles, me sentaré en mi trono de gloria y las naciones se reunirán delante de mí. Y las separaré como el pastor separa las ovejas de los cabritos. A mis ovejas las pondré a la mano derecha; a los cabritos a la izquierda.

Entonces yo, el Rey, diré a los de mi derecha: «Vengan, benditos de mi Padre. Entren al reino que está preparado para ustedes desde la fundación del mundo, porque tuve hambre y me dieron de comer; tuve sed y me dieron de beber; fui forastero y me alojaron en sus casas; estuve desnudo y me vistieron; enfermo y en prisión, y me visitaron».

Y los justos me preguntarán: «Señor, ¿cuándo te vimos con hambre y te alimentamos, o sediento y te dimos de beber? ¿Cuándo te vimos forastero y te alojamos en casa, o desnudo y te vestimos? ¿Y cuándo te vimos enfermo o en prisión y te visitamos?»

Yo, el Rey, les responderé: «Todo lo que hicieron a mis hermanos necesitados a mí me lo hicieron».

—MATEO 25.31-40

Todo le sale bien a los que son generosos y manejan honradamente sus asuntos.

Esas personas no serán derrotadas por las perversas circunstancias. Los justos serán para siempre recordados. Ellos no tienen miedo de

recibir malas noticias; pues están confiados en
que el Señor los cuidará.

—Salmo 112.5-7

¡Háganse tesoros en el cielo, donde no hay
polilla ni herrumbre que puedan corromper,
ni ladrones que les roben!, pues donde esté tu
tesoro, allí también estará tu corazón.

Los ojos son la lámpara del cuerpo. Si tu ojo
es bondadoso, andarás en la luz; pero si tu ojo es
maligno, estarás sumido en la oscuridad. Y si tu
luz no es más que oscuridad, tu oscuridad ¡qué
negra debe ser!

Lo más importante es que primero busquen el
reino de Dios y hagan lo que es justo. Así, Dios
les proporcionará todo lo que necesiten.

—Mateo 6.20-23, 33

Les doy este mandamiento nuevo: que se
amen unos a otros. Así como yo los amo,
ustedes deben amarse unos a otros. Si se aman
unos a otros, todos se darán cuenta de que son
mis discípulos.

—Juan 13.34-35

Qué dice la Biblia acerca de
SERVIR A DIOS

No debes jamás adorar a dios alguno sino al SEÑOR; obedece sus mandamientos y síguelo a él nada más.

—DEUTERONCMIO 13.4

Nadie puede servir a dos amos. No puedes servir a Dios y al dinero, pues amarás a uno y odiarás al otro, o servirás a uno y despreciarás al otro.

—MATEO 6.24

Por esto, hermanos, tomando en cuenta el amor que Dios nos tiene, les ruego que cada uno de ustedes se entregue como sacrificio vivo y santo; éste es el único sacrificio que a él le agrada.

No se amolden a la conducta de este mundo; al contrario, sean personas diferentes en cuanto a su conducta y forma de pensar. Así aprenderán

lo que Dios quiere, lo que es bueno, agradable y
perfecto.

—ROMANOS 12.1-2

Sigan obedeciendo todos los mandamientos
que Moisés les dio, amen al SEÑOR, y sigan
el camino que él ha trazado para sus vidas.
Aférrense a él y sírvanle con todo su ser.

—JOSUÉ 22.5

Servirán al SEÑOR su Dios solamente, y yo los
bendeciré con alimentos y agua, y apartaré toda
enfermedad de entre ustedes. No habrá abortos
ni esterilidad en su tierra, y vivirán a plenitud
todos los días de su vida.

—EXODO 23.25-26

Si ustedes obedecen cuidadosamente todos los
mandamientos que les voy a entregar en este día,
y si aman al SEÑOR su Dios con toda su mente
y con toda su vida, y lo adoran, él les enviará
lluvia que caiga a su tiempo, tanto la de otoño
como la de primavera, que haga producir ricas

cosechas de grano, de uvas en sus viñedos y de aceite de sus olivares. El Señor les dará hierba verde para su ganado, y tendrán abundante comida, y se saciarán.

—Deuteronomio 11.13-15

Ámense con cariño de hermanos y deléitense en el respeto mutuo.

No sean perezosos; sirvan al Señor con el entusiasmo que da el Espíritu.

Cuando vean a algún hermano en necesidad, corran a ayudarlo. Y fórmense el hábito de ofrecer alojamiento a los que lo necesiten.

—Romanos 12.10-11, 13

Ahora pues, Israel, ¿qué es lo que el Señor tu Dios quiere de ti sino que escuches cuidadosamente todo lo que te dice y obedezcas por tu bien los mandamientos que te doy en este día, y que lo ames y le sirvas con toda tu mente y todo tu ser?

—Deuteronomio 10.12-13

Aclamen alegres al Señor, habitantes de toda la tierra; adoren al Señor con regocijo. Preséntense ante él con cántico de júbilo.

Entremos por sus puertas con canciones de alabanza y gratitud. Démosle gracias y bendigamos su nombre.

—Salmo 100.1-2, 4

Qué dice la Biblia acerca de

LA ETERNIDAD

﹋﹋﹋———————————————————﹋﹋﹋

¿Y qué es lo que ha dicho? Que nos ha dado vida eterna, y que esta vida está en su Hijo. Así que el que tiene al Hijo de Dios tiene la vida; el que no tiene al Hijo, no tiene la vida.

A ustedes, que creen en el Hijo de Dios, les he escrito sobre estas cosas para que sepan que tienen la vida eterna.

—1 JUAN 5.11-13

Dios amó tanto al mundo, que dio a su único Hijo, para que todo el que cree en él no se pierda, sino tenga vida eterna. Dios no envió a su Hijo para condenar al mundo, sino para salvarlo por medio de él.

—JUAN 3.16-17

Sabemos que somos hijos de Dios. El mundo que nos rodea está bajo el dominio de Satanás, pero sabemos que Cristo, el Hijo de Dios, vino a

ayudarnos a hallar y entender al Dios verdadero.
Ahora estamos en Dios, porque estamos en su
Hijo Jesucristo, que es también Dios verdadero y
la vida eterna.

—1 JUAN 5.19-20

Mis ovejas oyen mi voz; yo las conozco y
ellas me siguen. Yo les doy vida eterna y jamás
perecerán ni nadie podrá arrebatármelas de la
mano. Mi Padre me las dio, y él es más grande
que todos; por eso, nadie se las puede arrebatar
de la mano. El Padre y yo somos uno.

—JUAN 10.27-30

Jesús respondió:
—Cualquiera que beba de esta agua volverá a
tener sed, pero el que beba del agua que yo le dé,
no volverá a tener sed jamás, porque dentro de él
esa agua se convertirá en un manantial del que
brotará vida eterna.

—JUAN 4.13-14

Les aseguro que el que cree tiene vida eterna.
Yo soy el pan de vida. Los antepasados de

ustedes comieron el maná en el desierto, y aun así murieron. Pero yo soy el pan que baja del cielo; el que come de él, no muere. Yo soy el pan vivo que bajó del cielo. El que coma de este pan vivirá para siempre. Este pan es mi carne que daré para que el mundo viva.

—JUAN 6.47-51

Les aseguro que el que presta atención a lo que digo y cree en el que me envió, tiene vida eterna y no será condenado, porque ha pasado de la muerte a la vida.

—JUAN 5.24

Qué dice la Biblia acerca de

La obediencia

❧ ━━━━━━━━━━━━━━━━━━━━━━ ☙

Ahora ustedes deben elegir entre la bendición de Dios y la maldición de Dios. Tendrán bendición si obedecen los mandamientos del Señor su Dios que les estoy dando en este día, y maldición si lo desobedecen y adoran los dioses de estas otras naciones.

—Deuteronomio 11.26-28

¿Cómo podemos saber que conocemos a Dios? Si obedecemos sus mandamientos. Si alguno dice: «Yo conozco a Dios», pero no obedece sus mandamientos, miente y no dice la verdad. En cambio, el amor a Dios se demuestra cuando obedecemos lo que él manda. Así estamos seguros de que estamos unidos a Dios. El que afirma que está unido a Dios, debe vivir como Jesucristo vivió.

—1 Juan 2.3-6

Si ustedes me aman, obedecerán mis mandamientos. Y yo le pediré al Padre, y él les enviará otro Consolador para que siempre esté con ustedes. Él es el Espíritu de verdad; el mundo no lo puede recibir porque no lo ve ni lo conoce. Pero ustedes sí lo conocen, porque vive con ustedes y estará en ustedes. No los voy a dejar huérfanos; volveré a estar con ustedes. Dentro de poco el mundo ya no me verá, pero ustedes sí me verán. Y porque yo vivo, también ustedes vivirán. En aquel día ustedes se darán cuenta de que yo estoy en mi Padre, y que ustedes están en mí, y yo en ustedes. El que hace suyos mis mandamientos y los obedece, ese es el que me ama. Y al que me ama, mi Padre lo amará, y yo también lo amaré y me mostraré a él.

—Juan 14.15-21

Esclavos, obedezcan a sus amos humanos; sírvanles de buena gana, con respeto y sinceridad de corazón, como a Cristo. No sean de los que trabajan bien sólo cuando el amo los está observando, para quedar bien con él. Trabajen como si lo hicieran para Cristo, cumpliendo de todo corazón la voluntad de

Dios. Hagan su trabajo de buena gana, como quien sirve al Señor y no a seres humanos.

—EFESIOS 6.5-7

Moisés siguió hablándole al pueblo de Israel y le dijo: «Oigan ahora cuidadosamente estas leyes y normas que Dios les ha dado; apréndanselas, consérvenlas y obedézcanlas».

Entonces Moisés le dijo al pueblo: «Deben obedecer los mandamientos tal como el SEÑOR su Dios se los ha ordenado. Sigan sus instrucciones al pie de la letra, y manténganse en el derrotero que Dios les trazó. Esa es la única forma en la que tendrán vida larga y próspera en la tierra que pronto entrarán a poseer».

—DEUTERONOMIO 5.1, 32-33

Hijos, obedezcan a sus padres en todo, porque esto agrada al Señor. Padres, no hagan enojar a sus hijos, para que no se desanimen.

Esclavos, obedezcan en todo a sus amos terrenales; no traten de agradarlos sólo cuando ellos los estén vigilando, sino siempre; obedézcanlos de buena gana y por respeto a Dios. Hagan lo que hagan, háganlo bien, como si en vez de estar trabajando para amos terrenales estuvieran trabajando para el Señor. Recuerden que el Señor Jesucristo les dará la parte que les corresponde, pues él es el Señor a quien en realidad sirven ustedes.

—COLOSENSES 3.20-24

Por causa del Señor, obedezcan a toda autoridad humana, ya sea al rey porque es el que tiene más autoridad, o a los gobernadores que él ha puesto para castigar a los que hacen lo malo y para honrar a los que hacen lo bueno. Lo que Dios quiere es que ustedes hagan el bien, para que los ignorantes y tontos no tengan nada que decir en contra de ustedes.

Pórtense como personas libres que no usan su libertad como pretexto para hacer lo malo, sino que viven como siervos de Dios.

Traten a todos con respeto. Amen a los hermanos, honren a Dios y respeten al rey.

Criados, obedezcan y respeten a sus amos, no sólo a los que son buenos y comprensivos sino también a los que son difíciles de soportar, pues es digno de elogio que alguien, por ser responsable ante Dios, soporte penas y sufrimientos injustamente. Pero ustedes no

tendrán ningún mérito si los maltratan por
hacer lo malo. En cambio, si sufren por hacer lo
bueno, eso es algo que a Dios le agrada.

—1 PEDRO 2.13-20

Qué dice la Biblia acerca de
La gracia de Dios

Porque el Señor es nuestra luz y nuestra protección. Él nos da gracia y gloria. Ningún bien se les negará a quienes hagan lo que es justo.

—Salmo 84.11

Nuestro sumo sacerdote entiende nuestras debilidades, porque él mismo experimentó nuestras tentaciones, si bien es cierto que nunca cometió pecado. Acerquémonos, pues, confiadamente al trono del Dios de amor, para encontrar allí misericordia y gracia en el momento en que las necesitemos.

—Hebreos 4.15-16

Pero Dios es tan rico en misericordia y nos amó tanto que, aunque estábamos muertos a causa de nuestros pecados, nos dio vida con Cristo, pues solo por su gracia somos salvos.

Además, nos levantó con Cristo de la tumba y nos hizo sentar con él en los cielos. Esto lo hizo para demostrar a las generaciones venideras la incomparable riqueza de su amor, que en su bondad derramó sobre nosotros por medio de Cristo Jesús.

Por su misericordia y por medio de la fe, ustedes son salvos. No es por nada que ustedes hayan hecho. La salvación es un regalo de Dios y no se obtiene haciendo el bien. Esto es así para que nadie se sienta orgulloso. Somos creación de Dios, creados en Cristo Jesús para hacer las buenas obras que Dios de antemano ya había planeado.

—EFESIOS 2.4-10

Alabado sea Dios, Padre de nuestro Señor Jesucristo, que nos bendijo con toda clase de bendiciones espirituales en los cielos porque pertenecemos a Cristo.

Desde antes que formara el mundo, Dios nos escogió para que fuéramos suyos a través de Cristo, y resolvió hacernos santos y sin falta ante su presencia. Y nos destinó de antemano, por su amor, para adoptarnos como hijos suyos, por medio de Jesucristo, debido a su buena voluntad.

Esto fue para que le demos la gloria a Dios por la extraordinaria gracia que nos mostró por medio de su amado Hijo. Gracias a que él derramó su sangre, tenemos el perdón de nuestros pecados. Así de abundante es su gracia.

—Efesios 1.3-7

El justo está cubierto de bendiciones, pero la boca del malvado está cubierta de violencia.

La bendición del Señor trae riquezas, sin que con ellas traiga tristeza.

El necio se divierte haciendo el mal; la diversión del sabio es su sabiduría.

Lo que el malvado teme se cumplirá; lo que el justo desea se le concederá.

—Proverbios 10.6, 22-24

El Señor nos recuerda y seguramente nos bendecirá. Bendecirá al pueblo de Israel, a los sacerdotes de la familia de Aarón, y a todos, grandes y pequeños que le temen.

—Salmo 115.12-13

Pero haz que se regocijen todos los que ponen
su confianza en ti. Haz que siempre clamen
de alegría porque tú los defiendes. Llena de tu
dicha a cuantos te aman. Tú bendices al justo,
oh SEÑOR, y con tu escudo de amor lo proteges.

—SALMO 5.11-12

Qué dice la Biblia acerca de

SATANÁS

∽⧖—————————————⧖∼

Amados míos, no crean nada por el simple
hecho de que les digan que es mensaje de Dios.
Pónganlo a prueba primero, porque en este
mundo hay muchos falsos maestros. Para saber
si el mensaje que se nos comunica procede
del Espíritu Santo, debemos preguntarnos:
¿Reconoce el hecho de que Jesucristo, el Hijo
de Dios, se hizo hombre de verdad? Si no
lo reconoce, el mensaje no es de Dios sino
de alguien que se opone a Cristo, como el
anticristo del que oyeron ustedes que vendría,
cuyas actitudes hostiles contra Cristo ya se
manifiestan en el mundo.

Hijitos, ustedes son de Dios y han ganado ya
la primera batalla contra los enemigos de Cristo,
porque hay alguien en el corazón de ustedes que
es más fuerte que cualquier falso maestro de este
perverso mundo.

—I JUAN 4.1-4

Por último, recuerden que su fortaleza debe venir del gran poder del Señor. Vístanse de toda la armadura que Dios les ha dado, para que puedan hacer frente a los engaños astutos del diablo, porque nuestra lucha no es contra seres humanos, sino contra los poderes, las autoridades y los gobernantes de este mundo en tinieblas; o sea, que luchamos contra los espíritus malignos que actúan en el cielo.

Por ello, vístanse de toda la armadura de Dios para que puedan resistir en el día malo y así, al terminar la batalla, estén todavía en pie.

¡Manténganse firmes! Que su ropa de batalla sea la verdad y su protección la justicia. Estén siempre listos para anunciar las buenas nuevas de la paz. Sobre todo, tomen el escudo de la fe para apagar los dardos de fuego que arroja el maligno. Pónganse el casco de la salvación y tomen la espada que les da el Espíritu, que es la Palabra de Dios.

Sobre todo, oren a Dios en todo tiempo. Y cuando lo hagan, sean dirigidos por el Espíritu. Manténganse bien despiertos y vigilantes, y no dejen de orar por todo el pueblo santo de Dios.

—EFESIOS 6.10-18

El nombre del Señor es una torre poderosa;
los justos acuden a ella y están a salvo.

—Proverbios 18-10

Por eso, obedezcan a Dios. Pónganle
resistencia al diablo y él huirá de ustedes.
Acérquense a Dios y él se acercará a ustedes.
¡Pecadores, límpiense las manos! ¡Ustedes,
inconstantes, purifiquen su corazón!

—Santiago 4.7-8

Tengan cuidado y estén siempre alertas, pues
su enemigo, el diablo, anda como león rugiente
buscando a quién devorar. Resistan sus ataques
manteniéndose firmes en la fe. Recuerden que
los hermanos de ustedes en todo el mundo están
soportando la misma clase de sufrimientos.

—1 Pedro 5.8-9

Antes de ser cristianos, ustedes estaban
muertos para Dios a causa de sus delitos y
pecados. Vivían siguiendo la corriente de este
mundo, obedecían los dictados del príncipe
del imperio del aire, quien ahora mismo está

operando en el corazón de los que se rebelan contra el Señor.

Nosotros mismos éramos así: obedecíamos los malos deseos de nuestra naturaleza y nos entregábamos a las perversidades de nuestras pasiones y malos pensamientos. Merecíamos ser castigados por la ira de Dios, como todos los demás. Pero Dios es tan rico en misericordia y nos amó tanto que, aunque estábamos muertos a causa de nuestros pecados, nos dio vida con Cristo, pues solo por su gracia somos salvos. Además, nos levantó con Cristo de la tumba y nos hizo sentar con él en los cielos.

—Efesios 2.1-6

Sí, es cierto, vivimos en este mundo, pero nunca actuamos como el mundo para ganar nuestras batallas. Para destruir las fortalezas del mal, no empleamos armas humanas, sino las armas del poder de Dios. Así podemos destruir la altivez de cualquier argumento y cualquier muralla que pretenda interponerse para que el hombre conozca a Dios. De esa manera, hacemos que todo tipo de pensamiento se someta para que obedezca a Cristo.

—2 Corintios 10.3-5

Qué dice la Biblia acerca de
LA SEGUNDA VENIDA DE
CRISTO

Hermanos, no queremos que ignoren lo que pasa con los que mueren, para que no se pongan tristes como esos otros que no tienen esperanza.

Si creemos que Jesús murió y después resucitó, entonces también debemos creer que Dios resucitará con Jesús a los que murieron creyendo en él. De acuerdo con lo que el Señor nos enseñó, nosotros les aseguramos que los que estemos vivos cuando el Señor regrese, no nos adelantaremos a los que ya estén muertos. El Señor mismo bajará del cielo con voz de mando, con voz de arcángel y con trompeta de Dios, y los que murieron creyendo en él, serán los que resuciten primero. Luego, los que estemos vivos en ese momento seremos llevados junto con ellos en las nubes, para reunirnos con el Señor en el aire. Y así estaremos con el Señor para siempre. Por eso, anímense unos a otros con estas palabras.

—1 TESALONICENSES 4.13-18

Les voy a revelar ahora un secreto: No todos moriremos, pero todos seremos transformados. Ocurrirá en un abrir y cerrar de ojos, cuando suene la trompeta final. Cuando esa trompeta suene, los que hayan muerto resucitarán con cuerpos nuevos que jamás morirán; y los que estemos vivos seremos transformados.

Porque es imprescindible que este cuerpo corruptible se convierta en un cuerpo incorruptible, y que lo mortal sea inmortal. Cuando así suceda, se cumplirá la siguiente profecía: «Ha sido devorada la muerte por la victoria.

¿Dónde está, oh muerte, tu aguijón?

¿Dónde está, oh sepulcro, tu victoria?»

En efecto, el pecado, que es el aguijón de la muerte, ya no existirá; y la ley, que le da poder al pecado, dejará de juzgarnos. ¡Gracias a Dios que nos da la victoria por medio de Jesucristo, nuestro Señor!

—1 Corintios 15.51-57

Antes que nada, deseo recordarles que en los últimos días vendrán burladores que vivirán de acuerdo con sus malos deseos y se mofarán, diciendo: «¡Conque Jesús prometió regresar!

¿Por qué no lo ha hecho ya? ¡Hasta donde podemos recordar, todo ha permanecido exactamente igual desde el primer día de la creación!»

No olviden ustedes, amados hermanos, que para el Señor un día es como mil años, y mil años como un día. El Señor no demora el cumplimiento de su promesa, como algunos suponen. Más bien lo que quiere es que nadie se pierda, por lo que está alargando el plazo para que todos se arrepientan.

Pero el día del Señor llegará como un ladrón. En aquel día, los cielos desaparecerán en medio de un estruendo espantoso, los cuerpos celestes serán destruidos por fuego, y la tierra y lo que en ella hay desaparecerán envueltos en llamas.

Puesto que todo esto va a suceder, ¿no deberían ustedes vivir como Dios manda y tener una conducta que nadie pueda reprochar? Sí, deberíamos vivir esperando la venida del día en que Dios prenderá fuego a los cielos, y los elementos se fundirán envueltos en llamas. Pero nosotros esperamos, según Dios ha prometido, nuevos cielos y una tierra nueva en la que morará la justicia.

—2 PEDRO 3.3-4, 8-13

Porque mi venida será tan visible como un relámpago que cruza el cielo de este a oeste.

Una vez que la persecución de aquellos días haya cesado, «el sol se oscurecerá, la luna no dará su luz, y las estrellas del cielo y los poderes que están sobre la tierra se conmoverán». Entonces aparecerá en el cielo la señal de mi venida, y el mundo entero se ahogará en llanto al verme llegar en las nubes del cielo con poder y gran gloria. Y enviaré a los ángeles delante de mí para que, con toque de trompeta, junten a mis escogidos de todas partes del mundo.

—MATEO 24.27, 29-31

Habrá señales en el sol, la luna y las estrellas. En la tierra, las naciones estarán angustiadas y confundidas por el bramido del mar y de las olas. Los hombres se desmayarán de terror por el miedo de lo que sucederá con el mundo. Todos los cuerpos celestes serán sacudidos. Entonces verán al Hijo del hombre que viene en una nube con gran poder y gloria. Cuando estas cosas comiencen a suceder, anímense y levanten la cabeza, porque su salvación está cerca.

—LUCAS 21.25-28

Ahora bien, nadie, ni siquiera los ángeles, sabe el día ni la hora del fin. Sólo el Padre lo sabe. Este mundo incrédulo continuará entregado a sus banquetes y fiestas de bodas hasta el día de mi venida, y le va a pasar lo mismo que a la gente que no quiso creer a Noé hasta que fue demasiado tarde y el diluvio la arrastró. Cuando yo venga, dos hombres estarán trabajando juntos en el campo; uno será llevado y el otro dejado. Dos mujeres estarán realizando sus quehaceres hogareños; una será tomada y la otra dejada. Por lo tanto, deben estar listos, porque no saben cuándo vendrá el Señor. De la misma manera que el padre de familia se mantiene vigilante para que los ladrones no se introduzcan en la casa, ustedes también deben estar vigilantes para que mi regreso no los sorprenda.

—MATEO 24.36-44

Una vez sentados en las laderas del monte de los Olivos, los discípulos le preguntaron:

—¿Qué acontecimientos indicarán la cercanía de tu regreso y el fin del mundo?

—No dejen que nadie los engañe —les contestó Jesús—: Muchos vendrán diciendo que son el Mesías y engañarán a un gran número. Cuando

oigan rumores de guerras, no crean que ya estarán
señalando mi retorno; habrá rumores y habrá
guerra, pero todavía no será él fin. Las naciones
y los reinos de la tierra pelearán entre sí, y habrá
hambrunas y terremotos en diferentes lugares.
Pero esto será sólo el principio de los horrores que
vendrán. Entonces a ustedes los torturarán, los
matarán, los odiarán en todo el mundo por causa
de mí, y muchos de ustedes volverán a caer en
pecado y traicionarán y aborrecerán a los demás.
Muchos falsos profetas se levantarán y engañarán
a muchas personas. Habrá tanto pecado y maldad,
que el amor de muchos se enfriará. Pero los que
se mantengan firmes hasta el fin serán salvos.
Las buenas nuevas del reino serán proclamadas
en todo el mundo, para que todas las naciones las
oigan. Y sólo entonces vendrá el fin.

—MATEO 24.3-14

Sí, amados míos, ahora somos hijos de Dios,
y no podemos ni siquiera imaginarnos lo que
vamos a ser después. Pero de algo estamos
ciertos: que cuando él venga seremos semejantes
a él, porque lo veremos tal como es. El que
espera esto se purifica, como Cristo es puro.

—1 JUAN 3.2-3

Por lo tanto, te doy este encargo solemne ante Dios y ante Jesucristo, que juzgará a los vivos y a los muertos cuando venga en su reino: Con urgencia predica la palabra de Dios; hazlo sea o no sea oportuno; corrige, reprende y anima con mucha paciencia, sin dejar de enseñar. Llegará el momento en que la gente no querrá escuchar la sana enseñanza, sino que, guiada por sus propios deseos, se rodeará de maestros que le digan lo que desea oír. Estas personas, en vez de escuchar la verdad, se volverán a los mitos. Por eso, tú mantente vigilante en todas las circunstancias, no temas sufrir, dedícate a la evangelización, cumple con los deberes de tu ministerio.

Yo, por mi parte, dentro de muy poco seré ofrecido en sacrificio y partiré a estar con el Señor. He peleado la buena batalla, he llegado al final de la carrera y me he mantenido fiel. Por lo demás, me espera la corona de justicia que el Señor, juez justo, me dará en aquel gran día. Y no sólo a mí, sino a todos los que con amor esperan su venida.

—2 Timoteo 4.1-8

Qué dice la Biblia acerca de

El amor de Dios

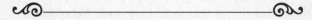

Eso sí es amor verdadero. No se trata de que nosotros hayamos amado a Dios, sino de que él nos amó tanto que estuvo dispuesto a enviar a su único Hijo como sacrificio expiatorio por nuestros pecados.

Amados, ya que Dios nos ha amado tanto, debemos amarnos unos a otros. Porque aunque nunca hemos visto a Dios, si nos amamos unos a otros Dios habita en nosotros, y su amor en nosotros crece cada día más.

—1 Juan 4.10-12

Así como el Padre me ama a mí, así también yo los amo a ustedes. No se aparten de mi amor. Si obedecen mis mandamientos, no se apartarán de mi amor, así como yo obedezco los mandamientos de mi Padre y su amor no se aparta de mí.

—Juan 15.9-10

Estoy convencido de que nada podrá apartarnos de su amor; ni la muerte, ni la vida, ni los ángeles, ni los demonios, ni lo presente, ni lo que está por venir, ni los poderes, ni lo alto, ni lo profundo, ni cosa alguna de toda la creación. ¡Nada podrá separarnos del amor que Dios nos ha demostrado en Cristo Jesús, nuestro Señor!

—ROMANOS 8.38-39

Dios, no obstante, nos demostró su amor al enviar a Cristo a morir por nosotros, aun cuando éramos pecadores.

—ROMANOS 5.8

Porque hace mucho tiempo dije a Israel: ¡Yo te he amado, oh pueblo mío, con amor sin fin, con amorosa bondad te he atraído a mí!

—JEREMÍAS 31.3

Dios amó tanto al mundo, que dio a su único Hijo, para que todo el que cree en él no se pierda, sino tenga vida eterna.

—JUAN 3.16

El que hace suyos mis mandamientos y los obedece, ese es el que me ama. Y al que me ama, mi Padre lo amará, y yo también lo amaré y me mostraré a él.

—JUAN 14.21

Amados, pongamos en práctica el amor mutuo, porque el amor es de Dios. Todo el que ama y es bondadoso da prueba de ser hijo de Dios y de conocerlo bien. El que no ama no conoce a Dios, porque Dios es amor.

—1 JUAN 4.7-8

Cómo dejar que Dios
te guíe en tus relaciones. . .

Hijo mío, escucha y obedece mis palabras, y tendrás una larga vida.

Yo te llevo por el camino de la sabiduría y te guío por sendas de rectitud. Cuando camines por ellos, nada te estorbará ni tropezarás al correr. Aférrate a mi instrucción, no la olvides; pues ella es tu vida.

—Proverbios 4.10-13

Cómo dejar que Dios
te guíe en tus relaciones
CON TU ESPOSO

Date buena vida con la mujer que amas en los fugaces días de la vida, pues la esposa que Dios te da es la mejor recompensa por tu trabajo aquí en la tierra.

—ECLESIASTÉS 9.9

El hombre que encuentra esposa, halla algo bueno; con eso el SEÑOR le ha mostrado su favor.

—PROVERBIOS 18.22

¡Bendita sea tu esposa, la mujer de tu juventud! Ella es una gacela amorosa y agradable. ¡Que sus pechos te dejen siempre satisfecho! ¡Que su amor siempre te cautive!

—PROVERBIOS 5.18-19

—Y ustedes, ¿no leen las Escrituras? —les respondió—. En ellas está escrito que al principio

Dios creó al hombre y a la mujer, y que el hombre debe abandonar al padre y a la madre para unirse a su esposa. Los dos serán uno, no dos. Y ningún hombre debe separar lo que Dios juntó.

—MATEO 19.4-6

Pero por lo general es mejor que cada hombre tenga su propia mujer y que cada mujer tenga su propio marido, para evitar caer en pecado.

El hombre debe satisfacer los derechos conyugales de su esposa; y lo mismo la esposa respecto de su esposo. La mujer no tiene derecho sobre su cuerpo, porque éste le pertenece a su esposo. Tampoco el hombre tiene derecho sobre su cuerpo; pues le pertenece a su esposa. Por lo tanto, no se nieguen el uno al otro, a menos que se pongan de acuerdo, y sólo por un tiempo, para dedicarse a la oración. Pero luego, únanse de nuevo, para evitar que Satanás los tiente, por no tener dominio propio.

Esto que les digo es un consejo, no una orden.

—1 CORINTIOS 7.2-6

Cuán dulce es tu amor, amada mía, novia mía, cuánto mejor que el vino. Más fragante es el perfume de tu amor que las más ricas especias. Tus labios, amada mía, destilan miel. Sí, miel y crema escondes bajo tu lengua, y el aroma de tus vestidos es como el de los montes y cedros del Líbano.

Mi novia y mi amada es como huerto privado, como manantial vedado a los demás. Eres como bello huerto que produce frutas preciosas, con los más exóticos perfumes: nardo y azafrán, cálamo aromático y canela, y perfume de todo árbol de incienso; además de mirra y áloe, y toda especia preciosa. Eres fuente de jardín, pozo de agua viva; refrescante como las corrientes que manan de los montes del Líbano.

Ven, viento del norte; despierta; ven, viento del sur, sopla sobre mi huerto y llévale a mi amado su dulce perfume. Que venga él a su huerto y coma su fruto más exquisito.

—CANTARES 4.10-16

Las mujeres deben someterse a sus esposos al igual que se someten al Señor. Porque el esposo es cabeza de la esposa, de la misma manera que Cristo es cabeza y salvador de ese cuerpo suyo que es la iglesia. Así que las esposas deben estar sujetas en todo a sus esposos, así como la iglesia lo está a Cristo.

Los esposos, por su parte, deben mostrar a sus esposas el mismo amor que Cristo mostró a su iglesia. Cristo se entregó a sí mismo por ella para hacerla santa y la purificó lavándola con agua por medio de la Palabra. Lo hizo así a fin de presentársela a sí mismo como una iglesia gloriosa, sin manchas ni arrugas ni nada semejante, sino santa e intachable. Así deben amar los esposos a sus esposas: como aman a su propio cuerpo. ¡El hombre que ama a su esposa se ama a sí mismo!

—Efesios 5.22-28

En cuanto a ustedes, esposos, sean comprensivos con sus esposas. Trate cada uno a su esposa con respeto, ya que como mujer es más delicada y comparte, junto con ustedes, la herencia de la vida eterna. Al hacer esto nada estorbará sus oraciones.

En fin, vivan ustedes en armonía unos con otros. Compartan sus penas y alegrías, ámense como hermanos, tengan compasión y sean humildes. No le hagan mal al que les hizo mal ni insulten al que los insultó. Al contrario, bendíganlo, porque Dios los eligió a ustedes para que reciban bendición.

«El que quiere amar la vida y pasar días felices, cuide su lengua de hablar el mal y sus labios de engañar. Apártese del mal y haga el bien; busque la paz y sígala».

—1 PEDRO 3.7-11

Cómo dejar que Dios
te guíe en tus relaciones
CON TUS HIJOS

Les escribo estas cosas, queridos hijos, porque sus pecados han sido perdonados en el nombre de Cristo.

Les escribo estas cosas, padres, porque conocen al que existía desde el principio.

Les escribo, jóvenes, porque han triunfado sobre el maligno.

Les he escrito, queridos hijos, porque han conocido al Padre.

Les he escrito, padres, porque han conocido al que existe desde el principio. Les he escrito, jóvenes, porque ustedes son fuertes, tienen la palabra de Dios arraigada en sus corazones y han vencido al maligno.

No amen al mundo ni lo que hay en él. El que ama al mundo no ama al Padre, porque nada de lo que hay en el mundo —las pasiones sexuales, el deseo de poseer todo lo que agrada y el orgullo de poseer riquezas— proviene del Padre sino del mundo. Y el mundo se está acabando y con él todos sus malos deseos. Pero el que hace la voluntad de Dios permanece para siempre.

—1 JUAN 2.12-17

Jesús continuó y les dijo: «Un hombre tenía dos hijos. Un día, el menor le dijo a su padre: "Papá, dame la parte que me toca de la herencia". Entonces el padre repartió sus bienes entre los dos. A los pocos días, el hijo menor juntó todo lo que tenía y se fue lejos, a otro país. Allí vivió desordenadamente y desperdició su herencia. Cuando ya lo había gastado todo, la comida empezó a faltar en ese país, y él comenzó a pasar hambre. Entonces fue y consiguió trabajo con un ciudadano del lugar, que lo mandó a sus campos a cuidar cerdos. Tenía tanta hambre, que le daban ganas de llenarse el estómago con la comida que daban a los cerdos; pero nadie se la daba. Un día, se puso a pensar: "En la casa de mi padre, los jornaleros tienen comida en abundancia, y yo aquí me estoy muriendo de hambre. Volveré a casa y le diré a mi padre: Papá, he pecado contra el cielo y contra ti. Ya no merezco que digan que soy tu hijo. Trátame como a uno de tus jornaleros". Así que viajó de regreso a la casa de su padre.

»Cuando todavía estaba lejos, su padre lo vio y sintió compasión por él; salió corriendo a encontrarlo, lo abrazó y lo besó. El joven le dijo: "Papá, he pecado contra el cielo y contra ti y ya no merezco que digan que soy tu hijo". Pero el padre ordenó a sus sirvientes: "¡Pronto! Traigan la mejor ropa y vístanlo; pónganle un anillo en su dedo y sandalias en sus pies. Y que maten el becerro más gordo para hacer fiesta, porque este hijo mío estaba muerto pero ha vuelto a vivir; se había perdido y lo hemos encontrado". Y comenzaron la fiesta».

—LUCAS 15.11-24

Jesús llamó a un niño de los que andaban por allí y lo sentó en medio de ellos. Entonces les dijo:

«Si no se vuelven a Dios, arrepentidos de sus pecados y con sencillez de niños, no podrán entrar en el reino de los cielos. En otras palabras, el que esté libre de altivez como este niño tendrá un puesto importante en el reino de los cielos. El que reciba en mi nombre a una persona así, a mí me recibe. Pero al que haga que uno de mis creyentes humildes pierda la fe, mejor le sería que le ataran una roca al cuello y lo arrojaran al mar.

»Nunca menosprecien al creyente humilde, porque su ángel tiene en el cielo constante acceso al Padre. Además, yo, el Hijo del hombre, vine a salvar a los perdidos. Si un hombre tiene cien ovejas y una se le extravía, ¿qué hará? ¿No deja las noventa y nueve sanas y salvas y se va a las montañas a buscar la perdida? Ah, ¡y si la encuentra, se regocija más por aquélla que por las noventa y nueve que dejó en el corral! Asimismo, mi Padre no quiere que ninguno de estos pequeños se pierda».

—MATEO 18.2-6, 10-14

Debes pensar constantemente en estos mandamientosque te doy en este día. Debes enseñarlos a tus hijos y hablar de ellos cuando estás en casa o cuando caminas con ellos; al acostarte y al levantarte. Átalos en tu mano y llévalos en la frente, escríbelos en la puerta de tu casa y en los portones de tu ciudad.

—DETEURONOMIO 6.6-9

Los hijos son un regalo de Dios, recompensa suya son. Los hijos de padre joven son como flechas en manos del guerrero. Dichoso el hombre que tiene su aljaba llena de esta clase de flechas. No será avergonzado cuando se enfrente a sus enemigos a las puertas de la ciudad.

—SALMO 127.3-5

Por tanto, imiten a Dios como hijos amados. Y vivan amando a los demás, siguiendo el ejemplo de Cristo, que nos amó y se entregó por nosotros en sacrificio, como ofrenda de perfume agradable a Dios.

—EFESIOS 5.1-2

El justo lleva una vida recta y honrada; ¡felices los hijos que vienen detrás de él!

—PROVERBIOS 20.7

Cómo dejar que Dios
te guíe en tus relaciones
CON TUS AMIGOS

La predicamos a ustedes para que junto con nosotros participen también de la comunión que disfrutamos con el Padre y con Jesucristo, su Hijo.

Pero si, al igual que Cristo, vivimos en la luz, entre nosotros habrá compañerismo, y la sangre de Jesucristo el Hijo de Dios nos limpiará de todo pecado.

—1 JUAN 1.3, 7

Pero él, queriendo justificarse, le volvió a preguntar:

—¿Y quién es mi prójimo?

Jesús le respondió:

—En cierta ocasión, un hombre iba de Jerusalén a Jericó y cayó en manos de unos ladrones. Éstos le quitaron todo lo que llevaba, lo golpearon y lo dejaron medio muerto. Entonces pasó por el mismo camino un sacerdote que, al verlo, se hizo a un lado y siguió de largo. Luego, un levita pasó también por el mismo lugar y, al verlo, se hizo a un lado y siguió de largo. Pero un samaritano que iba de viaje por el mismo camino, se acercó al hombre y, al verlo, se compadeció de él. Llegó adonde estaba, le curó las heridas con vino y aceite, y se las vendó. Luego lo montó sobre su propia cabalgadura, lo llevó a un alojamiento y lo cuidó. Al día siguiente, le dio dos monedas de plata al dueño del alojamiento y le dijo: «Cuídeme a este hombre, y lo que gaste usted de más, se lo pagaré cuando vuelva». ¿Cuál de los tres piensas que se comportó como el prójimo del que cayó en manos de los ladrones?

El maestro de la ley contestó:

—El que se compadeció de él.

Entonces Jesús le dijo:

—Anda pues y haz tú lo mismo.

—LUCAS 10.29-37

No te niegues a hacer el bien a quien lo necesita, cuando bien sabes que está en tu mano hacerlo. No le digas a alguien que venga mañana por la ayuda, si tienes con qué dársela hoy. No trames nada malo contra el que vive confiado en ti. No te metas en pleitos con nadie, sino te han hecho daño.

—PROVERBIOS 3.27-30

Hay amigos que nos llevan a la ruina, pero hay amigos más fieles que un hermano.

—PROVERBIOS 18.24

Nadie tiene más amor que el que da la vida por sus amigos. Ustedes son mis amigos si hacen lo que yo les mando. Ya no les llamo sirvientes, porque el sirviente no sabe lo que hace su amo. Ahora los llamo amigos, porque les he enseñado todo lo que he oído decir a mi Padre.

—JUAN 15.13-15

El verdadero amigo siempre ama, y en tiempos de necesidad es como un hermano.

—PROVERBIOS 17.17

No abandones a tu amigo ni al amigo de tu padre. No vayas a la casa de tu hermano cuando necesites ayuda. Más vale vecino cerca que hermano lejos.

—PROVERBIOS 27.10

Cómo dejar que Dios
te guíe en tus relaciones
CON OTROS CRISTIANOS

Por eso, ustedes ya no son extraños ni extranjeros, sino ciudadanos junto con los santos y miembros de la familia de Dios. ¡Y sobre qué firme cimiento están edificados! ¡Nada menos que el de los apóstoles y profetas, y con Cristo mismo como piedra angular! Unidos a Cristo formamos parte del bien armado edificio, que va construyéndose hasta que sea el templo santo del Señor. Ustedes, pues, unidos a él, forman también parte de ese lugar en el que Dios mora por medio de su Espíritu.

—EFESIOS 2.19-22

Pero Dios colocó los miembros en el cuerpo como mejor le pareció. ¡Qué extraño sería que el cuerpo tuviera un solo miembro! Pero Dios lo hizo con miembros diversos que, en conjunto, forman un cuerpo.

El ojo jamás podrá decirle a la mano: «No te necesito». Ni la cabeza puede decirle a los pies: «No los necesito». Al contrario, los miembros del cuerpo que parecen más débiles son los más necesarios. Y a los menosimportantes, los tratamos con más cuidado; y con esmero tratamos a los que no deben exhibirse. Pero no hacemos lo mismo con los miembros que son más decorosos. Así que Dios armó el cuerpo de tal manera que los miembros que pudieran parecer menos importantes recibieran más honor. Esto hace que no haya divisiones en el cuerpo, sino que cada uno se ocupe de los demás. Si un miembro sufre, los demás miembros sufren con él; y si un miembro recibe algún honor, los demás se regocijan con él.

Todos ustedes forman el cuerpo de Cristo, y cada uno es un miembro necesario de ese cuerpo.

—1 Corintios 12.18-27

En fin, vivan ustedes en armonía unos con otros. Compartan sus penas y alegrías, ámense como hermanos, tengan compasión y sean humildes. No le hagan mal al que les hizo mal ni insulten al que los insultó. Al contrario, bendíganlo, porque Dios los eligió a ustedes para que reciban bendición.

—1 Pedro 3.8-9

Ustedes me llaman Maestro y Señor, y dicen la verdad porque lo soy. Pues si yo, el Señor y el Maestro, les he lavado los pies, también ustedes deben lavarse los pies unos a otros. Yo les he dado el ejemplo, para que hagan lo mismo que yo he hecho con ustedes. Les aseguro que ningún sirviente es más que su amo, y ningún mensajero es más que el que lo envió. Si entienden esto y lo hacen serán dichosos.

—JUAN 13.13-17

No ruego sólo por estos, sino también por los que van a creer en mí por medio del mensaje de ellos. Te ruego que todos estén unidos. Padre, así como tú estás en mí y yo en ti, permite que ellos también estén en nosotros, para que el mundo crea que tú me has enviado. Yo les he dado la gloria que me diste, para que estén unidos, así como nosotros estamos unidos, yo unido a ellos y tú unido a mí. Permite que ellos lleguen a la perfección en la unidad, así el mundo reconocerá que tú me enviaste, y que los amas a ellos tal como me amas a mí.

—JUAN 17.20-23

Ámense con cariño de hermanos y deléitense en el respeto mutuo.

—Romanos 12.10

Yo, pues, que estoy prisionero por servir al Señor, les ruego con todo cariño que se comporten como es digno de los que han sido llamados por Dios. Sean totalmente humildes y amables. Sean pacientes entre ustedes y, por amor, sean tolerantes unos con otros. Esfuércense por mantener la unidad creada por el Espíritu, por medio de la paz que nos une.

—Efesios 4.1-3

Cómo dejar que Dios te guíe en tus relaciones
CON LAS FINANZAS

Si obedeces completamente todas estas ordenanzas del SEÑOR tu Dios, las leyes que te estoy dando en este día, el SEÑOR te convertirá en la nación más grande del mundo. Estas son las bendiciones que vendrán sobre ti:

Bendito serás en la ciudad; bendito serás en el campo.

Tendrás muchos niños; abundantes cosechas; grandes rebaños de ovejas y vacas.

Bendiciones de fruta y pan.

Bendiciones cuando entres; bendiciones cuando salgas.

—DEUTERONOMIO 28.1-6

Él empobrece a unos y enriquece a otros; él abate a algunos y enaltece a otros.

Él levanta al pobre desde el polvo, desde el montón de cenizas, y lo sienta entre los príncipes ubicándolo en un lugar de honor.

Porque el SEÑOR tiene dominio sobre la tierra.

Él protegerá a los piadosos, pero los impíos serán silenciados en las tinieblas.

Ninguno podrá triunfar por su propia fortaleza.

—1 Samuel 2.7-9

Pero confía en el Señor. Sé generoso y bueno; entonces vivirás y prosperarás aquí en la tierra.

Deléitate en el Señor. Así él te dará lo que tu corazón anhela. Encomienda al Señor todo cuanto haces, confía en que él te ayudará a realizarlo, y él lo hará.

—Salmo 37.3-5

—Si quieres ser perfecto —le dijo Jesús—, ve, vende todo lo que tienes y dales el dinero a los pobres. De esta manera tendrás tesoros en el cielo. Y cuando lo hayas hecho, ven y sígueme.

Cuando el joven oyó esto, se fue muy triste porque era extremadamente rico.

—A un rico le es muy difícil entrar al reino de los cielos —comentó luego Jesús con sus discípulos—. Le es más fácil a un camello entrar

por el ojo de una aguja que a un rico entrar al
reino de Dios.

—MATEO 19.21-24

Traigan todos los diezmos a la tesorería del
templo, para que haya alimento suficiente en
mi Templo. Si lo hacen, yo abriré las ventanas
de los cielos y haré que venga sobre ustedes una
benéfica y oportuna lluvia sobre sus campos
para que obtengan abundantes cosechas. ¡Los
exhorto a que me prueben en esto!

—MALAQUÍAS 3.10

Hermanos míos, ¿de qué le sirve a uno decir
que tiene fe si no lo demuestra con sus acciones?
¿Acaso podrá salvarlo esa fe? Por ejemplo: un
hermano o una hermana no tiene ropa para
vestirse y tampoco tiene el alimento necesario
para cada día. Si uno de ustedes le dice: «Que te
vaya bien, abrígate y come todo lo que quieras»,
pero no le da lo que necesita su cuerpo, ¿de qué
le sirve? Así pasa también con la fe: por sí sola,
sin acciones, está muerta.

—SANTIAGO 2.14-17

No acumulen tesoros en la tierra, donde la polilla y la herrumbre echan a perder las cosas y donde los ladrones roban. ¡Háganse tesoros en el cielo, donde no hay polilla ni herrumbre que puedan corromper, ni ladrones que les roben!, pues donde esté tu tesoro, allí también estará tu corazón.

—Mateo 6.19-21

Cómo dejar que Dios
te guíe en tus relaciones
CON TU IGLESIA

De hecho, todo lo que fue escrito hace tiempo se escribió para enseñarnos, a fin de que, con el consuelo y la constancia que las Escrituras nos dan, mantengamos la esperanza.

¡Que Dios, que da aliento y perseverancia, les ayude a vivir juntos en armonía, tal como Cristo nos dio el ejemplo! ¡Y que podamos así, juntos y a una voz, glorificar a Dios, el Padre de nuestro Señor Jesucristo!

Así que, para gloria de Dios, trátense en la iglesia con el mismo afecto con que Cristo los ha recibido.

—ROMANOS 15.4-7

Dios siempre cumple su palabra, y él los llamó a vivir unidos a su Hijo, Jesucristo, nuestro Señor.

Pero, amados hermanos, les suplico en el nombre de nuestro Señor Jesucristo que no discutan más, que reine entre ustedes la armonía y cesen las divisiones. Les ruego

encarecidamente que mantengan la unidad en
sus pensamientos y propósitos.

—1 CORINTIOS 1.9-10

No somos más que colaboradores de Dios.
Ustedes son el huerto de Dios, son el edificio de
Dios.

Dios, en su bondad, me enseñó cómo edificar
con pericia. Yo puse los cimientos y otro edificó
encima. El que edifica encima debe tener
cuidado de cómo edifica, porque nadie puede
poner otro cimiento que el que ya está puesto:
Jesucristo.

Hay varias clases de materiales que pueden
emplearse al construir sobre el cimiento: oro,
plata y piedras preciosas; o bien, madera, heno
y hasta hojarasca. El día del juicio se sabrá qué
material han empleado los constructores. Cada
obra será pasada por fuego, para que se sepa
la calidad del trabajo de cada uno. Si lo que
alguien ha edificado es perdurable, recibirá su
recompensa.

—1 CORINTIOS 3.9-14

Porque dondequiera que estén dos o tres reunidos en mi nombre, allí estaré yo.

—MATEO 18.20

Este es el mensaje que Dios nos ha dado para ustedes: Dios es luz y en él no hay tinieblas. Por lo tanto, si afirmamos que somos amigos suyos y seguimos viviendo en las tinieblas, mentimos y no estamos poniendo en práctica la verdad. Pero si, al igual que Cristo, vivimos en la luz, entre nosotros habrá compañerismo, y la sangre de Jesucristo el Hijo de Dios nos limpiará de todo pecado.

—1 JUAN 1.5-7

Cómo dejar que Dios te guíe en tus relaciones
CON TUS ENEMIGOS

Pero a ustedes que me escuchan les digo: Amen a sus enemigos, hagan bien a quienes los odian, bendigan a quienes los maldicen, oren por quienes los maltratan. Si alguien te pega en una mejilla, deja que te pegue también en la otra. Si alguien te quita la camisa, deja que se lleve también el abrigo. A todo el que te pida, dale, y si alguien te quita lo que es tuyo, no le pidas que te lo devuelva. Traten a los demás como a ustedes les gustaría que ellos los traten.

—LUCAS 6.27-31

Escucha atentamente mi oración, oh Dios. Escucha mi urgente clamor. A ti clamaré cuando me llegue la angustia, y tú me responderás.

—SALMO 86.6-7

Nunca le paguen a nadie mal con mal. Al contrario, busquen hacerles el bien a todos.

Procuren, en lo que les sea posible, estar en paz con todo el mundo. Queridos hermanos, nunca tomen venganza sino déjensela a Dios, porque así está escrito:

«A mí me corresponde vengarme. Yo le daré su pago a cada quien, dice el Señor».

Y también está escrito: «Dale de comer a tu enemigo si está hambriento; y si tiene sed, dale de beber. Así se avergonzará de lo que te ha hecho».

No te dejes, pues, vencer por el mal, sino vence el mal haciendo el bien.

—ROMANOS 12.17-21

Si tu enemigo tiene hambre, dale de comer. Si tiene sed, dale de beber.

Así harás que se avergüence de lo que ha hecho, y el SEÑOR te recompensará.

—PROVERBIOS 25.21-22

No te alegres cuando tu enemigo caiga, ni dejes que tu corazón se regocije cuando tropiece, porque el SEÑOR verá lo que pasa y no le agradará, y apartará su enojo de él.

No te alteres por causa de los malvados, ni sientas envidia de los impíos, porque no hay futuro para el malvado, su lámpara se apagará.

—Proverbios 24.17-20

El Señor, que es fiel, les dará fortaleza y los guardará del maligno.

—2 Tesalonicenses 3.3

El Señor tu Dios va contigo. Él peleará en favor tuyo contra tus enemigos, y te dará la victoria.

—Deuteronomio 20.4

También conocen el mandamiento que dice: «Ama a tu prójimo y odia a tu enemigo». Pero yo les digo: ¡Amen a sus enemigos! ¡Oren por quienes los persiguen! De esta forma estarán actuando como hijos de su Padre que está en el cielo, porque él da la luz del sol a los malos y a los buenos y envía la lluvia a los justos y a los injustos.

—Mateo 5.43-45

DESCUBRIR A
DIOS ES. . .

No he cesado de recordarlos y dar gracias a
Dios por ustedes. Pido constantemente a Dios,
el glorioso Padre de nuestro Señor Jesucristo,
que les dé sabiduría y revelación, por medio de
su Espíritu, para que lo conozcan mejor.

Pido también que ilumine sus corazones para
que sepan cuál es la esperanza a la que los llamó
y qué enorme es la riqueza de la herencia que él
ha dado a los que son suyos.

Oro también para que comprendan el
increíblemente inmenso poder con que Dios
ayuda a los que creen en él. Ese poder es la
fuerza grandiosa y eficaz.

—EFESIOS 1.16-19

Descubrir a Dios es
EL PLAN DE
SALVACIÓN DE DIOS

Es así porque todos hemos pecado y no tenemos derecho a gozar de la gloria de Dios. Pero Dios, por su gran amor, gratuitamente nos declara inocentes, porque Jesucristo pagó todas nuestras deudas.

Dios ofreció a Jesucristo como sacrificio por nuestros pecados. Cuando creemos esto, Dios nos perdona todos nuestros pecados pasados, pues nos tiene paciencia. De esa manera da a conocer su justicia y muestra que él es justo y que nos hace justos por tener fe en Cristo Jesús.

—ROMANOS 3.23-26

Dios amó tanto al mundo, que dio a su único Hijo, para que todo el que cree en él no se pierda, sino tenga vida eterna. Dios no envió a su Hijo para condenar al mundo, sino para salvarlo por medio de él.

—JUAN 3.16-17

¿Y qué es lo que ha dicho? Que nos ha dado vida eterna, y que esta vida está en su Hijo. Así que el que tiene al Hijo de Dios tiene la vida; el que no tiene al Hijo, no tiene la vida.

A ustedes, que creen en el Hijo de Dios, les he escrito sobre estas cosas para que sepan que tienen la vida eterna.

—1 Juan 5.11-13

El que cree en el Hijo tiene vida eterna; pero el que no cree en el Hijo no sabrá lo que es esa vida, pues siempre estará bajo el castigo de Dios.

—Juan 3.36

Por su misericordia y por medio de la fe, ustedes son salvos. No es por nada que ustedes hayan hecho. La salvación es un regalo de Dios y no se obtiene haciendo el bien. Esto es así para que nadie se sienta orgulloso. Somos creación de Dios, creados en Cristo Jesús para hacer las buenas obras que Dios de antemano ya había planeado.

—Efesios 2.8-10

Si declaras con tu boca que Jesús es el Señor y crees de corazón que Dios lo levantó de entre los muertos, Dios te salvará. Porque a quien cree de corazón, Dios lo da por justo; y a quien reconoce a Jesús, Dios lo salva.

—ROMANOS 10.9-10

Porque si bien la paga del pecado es muerte, el regalo que nos da Dios es vida eterna a través de Jesucristo nuestro Señor.

—ROMANOS 6.23

Yo estoy siempre a la puerta y llamo; si alguno escucha mi voz y abre la puerta, entraré y cenaré con él y él conmigo.

—APOCALIPSIS 3.20

Dios, no obstante, nos demostró su amor al enviar a Cristo a morir por nosotros, aun cuando éramos pecadores.

Con mucha más razón, ahora Dios nos salvará de la ira final al habernos hecho justos por medio de la muerte de Cristo. Pues si cuando éramos enemigos nos reconcilió con él mismo por la muerte de su Hijo, ¡cómo no ha de salvarnos ahora por su vida! Y además de todo esto, también nos sentimos orgullosos en Dios, gracias a nuestro Señor Jesucristo, por qu_en ahora hemos sido reconciliados con Dios.

—ROMANOS 5.8-11

Descubrir a Dios es EXPERIMENTAR el perdón de Dios

Alaba, alma mía, al SEÑOR, y no olvides ninguna de las cosas buenas que él te da. Él perdona todos tus pecados y sana todas tus enfermedades, y rescata tu vida del sepulcro. Te rodea de tierno amor y misericordia.

—SALMO 103.2-4

Porque su misericordia para los que le temen es tan grande como la altura de los cielos sobre la tierra. Ha arrojado nuestros pecados tan lejos de nosotros como está el oriente del occidente.

—SALMO 103.11-12

Este es el nuevo convenio que voy a celebrar con ellos: Grabaré mis instrucciones en el corazón de ellos, para que tengan la voluntad de honrarme; entonces serán verdaderamente pueblo mío y yo seré su Dios.

En aquel tiempo ya no será necesario que uno al otro se amoneste para conocer al SEÑOR pues cada cual, el grande y el pequeño, realmente me conocerá, dice el SEÑOR, y yo perdonaré y olvidaré sus graves faltas.

—JEREMÍAS 31.33-34

De hecho, ustedes estaban muertos a causa de sus pecados y no se habían despojado de su naturaleza pecaminosa; pero Dios nos vivificó con Cristo y nos perdonó los pecados. Él eliminó la prueba acusatoria que había contra ustedes, es decir, los mandamientos de la ley. Esa quedó anulada cuando la clavó en la cruz.

—COLOSENSES 2.13-14

Si tú tomaras en cuenta nuestros pecados ¿quién, SEÑOR, podría seguir vivo? Pero tú ofreces perdón, para que aprendamos a temerte.

—SALMO 130.3-4

Si decimos que no tenemos pecado, estamos engañándonos a nosotros mismos y no tenemos la verdad. Pero si confesamos a Dios nuestros pecados, él, que es fiel y justo, nos perdonará y nos limpiará de toda maldad.

—I JUAN 1.8-9

Gracias a que él derramó su sangre, tenemos el perdón de nuestros pecados. Así de abundante es su gracia.

Además, derramó en nosotros la inmensidad de su gracia al impartirnos sabiduría y entendimiento.

—EFESIOS 1.7-8

Descubrir a Dios es COMPRENDER AL ESPÍRITU SANTO

Y yo le pediré al Padre, y él les enviará otro Consolador para que siempre esté con ustedes. Él es el Espíritu de verdad; el mundo no lo puede recibir porque no lo ve ni lo conoce. Pero ustedes sí lo conocen, porque vive con ustedes y estará en ustedes.

—JUAN 14.16-17

Cualquiera que diga algo contra el Hijo del hombre será perdonado, pero el que blasfeme contra el Espíritu Santo no será perdonado.
Cuando los lleven a las sinagogas y ante los gobernantes y las autoridades, no se preocupen por lo que tengan que decir o de cómo vayan a defenderse, porque el Espíritu Santo les enseñará en ese momento lo que deben decir.

—LUCAS 12.10-12

Cuando llegó el día de Pentecostés, los creyentes estaban juntos reunidos. Escucharon de pronto un estruendo semejante al de un vendaval, que venía del cielo y que hacía retumbar la casa en que estaban congregados. Acto seguido aparecieron lengüetas de fuego que se les fueron posando a cada uno en la cabeza. Entonces cada uno de los presentes quedó lleno del Espíritu Santo y empezó a hablar en idiomas que no conocía, pero que el Espíritu Santo le permitía hablar.

—HECHOS 2.1-4

Yo les enviaré de parte del Padre al Consolador, el Espíritu de verdad que viene del Padre, él les hablará acerca de mí.

—JUAN 15.26

Y como Cristo vive en ustedes, sus cuerpos están muertos a consecuencia del pecado, pero sus espíritus viven porque Cristo los ha hecho justos.

Y si el Espíritu de Dios que levantó a Jesús de entre los muertos vive en ustedes, él mismo les dará vida a sus cuerpos mortales.

Así que, amados hermanos, ustedes no están obligados a hacer lo que la vieja naturaleza les dice. Si lo siguen haciendo perecerán; pero si mediante el poder del Espíritu hacen morir a la naturaleza pecaminosa y sus obras, vivirán. Los hijos de Dios son los que se dejan conducir por el Espíritu de Dios.

Ustedes no recibieron un espíritu que los haga esclavos del miedo; recibieron el Espíritu que los adopta como hijos de Dios y les permite clamar: «Padre, Padre», porque el Espíritu mismo le asegura a nuestro espíritu que somos hijos de Dios.

Y como somos sus hijos, somos herederos: herederos de Dios y coherederos junto con Cristo. Pero si compartimos su gloria, también hemos de participar de sus sufrimientos.

—ROMANOS 8.10-17

Ellos los recogieron, y con los pedazos que sobraron de los panes, llenaron doce canastas.

Al darse cuenta de la señal milagrosa que Jesús realizó, la gente comenzó a decir:

—No cabe duda de que éste es el profeta que tenía que venir al mundo.

—JUAN 6.13-14

Sin embargo, cuando el Espíritu Santo descienda sobre ustedes recibirán poder para ser mis testigos no sólo en Jerusalén, sino también en toda Judea, en Samaria y hasta lo último de la tierra.

—HECHOS 1.8

Nosotros las conocemos porque Dios envió a su Espíritu a revelárnoslas, ya que su Espíritu lo escudriña todo, hasta los secretos más profundos de Dios.

Nadie sabe con exactitud lo que otro está pensando, excepto el espíritu de esa persona. Así, nadie conoce lo que piensa Dios, excepto el Espíritu de Dios. Y Dios nos ha dado su Espíritu, no el espíritu del mundo, para que entendamos lo que, por su gracia, Dios nos ha concedido. Y esto es precisamente de lo que hablamos, usando las palabras que enseña el Espíritu, no las palabras que enseña la sabiduría humana. Así, expresamos verdades del Espíritu con palabras del Espíritu.

El que no tiene el Espíritu no puede aceptar lo que viene del Espíritu de Dios, pues le parece una locura. No lo puede entender, porque hay que discernirlo con la ayuda del Espíritu.

Por el contrario, el que tiene el Espíritu lo juzga todo, aunque él mismo no está sujeto al juicio de nadie, pues.

—1 Corintios 2.10-15

Descubrir a Dios es
LO QUE SIGNIFICA
JESÚS PARA TI

Jesús le dijo:

—Yo soy la resurrección y la vida. El que cree en mí, aunque muera, vivirá; y todo el que cree en mí nunca morirá. ¿Crees esto?

—JUAN 11.25-26

Porque Cristo es nuestra paz; él logró hacer de nosotros los judíos y de ustedes los que no son judíos un solo pueblo, derribando la pared de enemistad que nos separaba. Puso fin a los mandatos y reglas de la ley, y a los dos pueblos los hizo parte de sí mismo, creando una sola y nueva humanidad. Así creó la paz. Y a todos nosotros, partes del mismo cuerpo, nos reconcilió con Dios mediante la cruz. ¡Allí en la cruz murió la enemistad!

Cristo vino a proclamar las buenas nuevas de paz a ustedes que estaban lejos y a nosotros que estábamos cerca. Porque, gracias a él, judíos y no judíos podemos acercarnos al Padre con la ayuda de un mismo Espíritu.

Por eso, ustedes ya no son extraños ni extranjeros, sino ciudadanos junto con los santos y miembros de la familia de Dios.

—Efesios 2.14-19

Además, con nuestros propios ojos vimos, y ahora lo proclamamos a los cuatro vientos, que Dios envió a su Hijo para ser el Salvador del mundo. Si alguien cree y confiesa que Jesús es el Hijo de Dios, Dios vive en él y él en Dios.

—1 Juan 4.14-15

La actitud de ustedes debe ser como la de Cristo Jesús: aunque él era igual a Dios, no consideró esa igualdad como algo a qué aferrarse. Al contrario, por su propia voluntad se rebajó, tomó la naturaleza de esclavo y de esa manera se hizo semejante a los seres humanos. Al hacerse hombre, se humilló a sí mismo y se hizo obediente hasta la muerte, ¡y muerte en la cruz!

Por eso, Dios lo engrandeció al máximo y le dio un nombre que está por encima de todos los nombres, para que ante el nombre de Jesús todos se arrodillen, tanto en el cielo como en la tierra

y debajo de la tierra, y para que toda lengua
confiese que Jesucristo es Señor, para que le den
la gloria a Dios Padre.

—FILIPENSES 2.5-11

Por eso, también nosotros, que estamos
rodeados de tantos testigos, dejemos a un lado
lo que nos estorba, en especial el pecado que
nos molesta, y corramos con paciencia la carrera
que tenemos por delante. Mantengamos fija la
mirada en Jesús, pues de él viene nuestra fe y él
es quien la perfecciona. Él, por el gozo que le
esperaba, soportó la cruz y no le dio importancia
a la vergüenza que eso significaba, y ahora está
sentado a la derecha del trono de Dios.

—HEBREOS 12.1-2

Por eso, Jesús volvió a decirles: «Sí, yo soy
la puerta de las ovejas. Todos los que vinieron
antes que yo eran unos ladrones y unos
bandidos, por eso las ovejas no les hicieron caso.
Yo soy la puerta; el que entra por esta puerta, se
salvará. Podrá entrar y salir, y hallará pastos. El
ladrón sólo viene a robar, matar y destruir. Yo
he venido para que tengan vida, y para que la
tengan en abundancia.

»Yo soy el buen pastor. El buen pastor da su vida por las ovejas».

—JUAN 10.7-11

Jesús les dijo:

—Yo soy el pan que da vida. El que viene a mí no volverá a tener hambre, y el que cree en mí no volverá a tener sed. Pero como ya les dije, aunque ustedes me han visto, no creen en mí. Todos los que el Padre me da vendrán a mí; y al que viene a mí, no lo rechazo. Yo he venido del cielo a cumplir la voluntad del que me envió y no la mía. Y ésta es la voluntad del que me envió: que no pierda a ninguno de los que él me ha dado, sino que los resucite en el día final, porque mi Padre quiere que todo el que reconozca al Hijo y crea en él, tenga vida eterna, y yo lo resucitaré en el día final.

—JUAN 6.35-40

CAMINAR CON
DIOS ES. . .

Escucha las palabras del sabio; aplica tu corazón a mi enseñanza.

Porque es grato que las guardes muy dentro de ti, y las tengas listas en tus labios para repetirlas.

Te estoy enseñando hoy, para que pongas tu confianza en el SEÑOR.

—PROVERBIOS 22.17-19

Caminar con Dios es
CONFIAR EN DIOS

Confía en el SEÑOR con todo tu corazón, y no confíes en tu propia inteligencia. Busca la voluntad del SEÑOR en todo lo que hagas, y él dirigirá tus caminos.

—PROVERBIOS 3.5-6

Pero haz que se regocijen todos los que ponen su confianza en ti. Haz que siempre clamen de alegría porque tú los defiendes. Llena de tu dicha a cuantos te aman. Tú bendices al justo, oh SEÑOR, y con tu escudo de amor lo proteges.

—SALMO 5.11-12

El SEÑOR está cerca de los que tienen el corazón quebrantado; libra a los de espíritu abatido. El bueno no está libre de tribulación; también tiene sus problemas pero en todos ellos lo auxilia el SEÑOR. El SEÑOR los protege de cualquier daño, ni uno de sus huesos les quebrarán.

Al malvado ciertamente le sobrevendrá calamidad; serán castigados quienes detestan a los buenos. Pero el Señor redimirá a los que le sirven; no serán condenados los que confían en él.

—Salmo 34.18-22

El temor al hombre es una trampa peligrosa, pero la confianza en el Señor trae seguridad.

—Proverbios 29.25

Todos los oprimidos pueden acudir a él. Él es refugio para ellos en tiempo de tribulación. Todos los que conocen tu misericordia, Señor, contarán contigo para que los auxilies, pues jamás has abandonado a quienes en ti confían.

—Salmo 9.9-10

El Señor es mi fortaleza, mi roca y mi salvación; mi Dios es la roca en la que me refugio. Él es mi escudo, el poder que me salva. Basta que clame a él para ser librado de todos mis enemigos: ¡Alabado sea el Señor!

—Salmo 18.2-3

La codicia provoca peleas; la confianza en el Señor lleva a la prosperidad.

El que confía en sí mismo es un necio; el que actúa con sabiduría estará a salvo.

—Proverbios 28.25-26

Oro así porque sé que me responderás, oh Dios. ¡Sí!, inclinas a mí tu oído y escuchas mi oración. Muéstrame en forma admirable tu gran amor, oh Salvador de cuantos buscan tu auxilio contra sus enemigos. Protégeme como lo harías con la niña de tus ojos; escóndeme bajo la sombra de tus alas.

—Salmo 17.6-8

Pero confía en el Señor. Sé generoso y bueno; entonces vivirás y prosperarás aquí en la tierra.

Deléitate en el Señor. Así él te dará lo que tu corazón anhela. Encomienda al Señor todo cuanto haces, confía en que él te ayudará a realizarlo, y él lo hará. Tu inocencia alumbrará como el alba, y tu justicia resplandecerá como el sol de mediodía.

—Salmo 37.3-6

Caminar con Dios es

LA ORACIÓN CONTINUA

❦━━━━━━━━━━━━━━━━━━━━━━❦

Y estamos seguros de que él nos escuchará cuando le pidamos algo que esté de acuerdo con su voluntad. Y si sabemos que él nos oye cuando le hablamos y cuando le presentamos nuestras peticiones, podemos estar seguros de que nos contestará.

—1 JUAN 5.14-15

Alégrense siempre en el Señor. Se lo repito: ¡Alégrense! Que todos se den cuenta de que ustedes son amables. El Señor viene pronto. No se angustien por nada; más bien, oren; pídanle a Dios en toda ocasión y denle gracias. Y la paz de Dios, esa paz que nadie puede comprender, cuidará sus corazones y pensamientos en Cristo.

—FILIPENSES 4.4-7

Padre nuestro que estás en los cielos, santificado sea tu nombre. Venga tu reino

y cúmplase en la tierra tu voluntad como se
cumple en el cielo. Danos hoy los alimentos
que necesitamos, y perdona nuestros pecados,
así como nosotros perdonamos a los que nos
han hecho mal. No nos metas en tentación,
mas líbranos del mal, porque tuyo es el reino, el
poder y la gloria para siempre. Amén.

—MATEO 6.9B-13

Si alguno de ustedes está angustiado, que ore.
Si alguno está alegre, que cante alabanzas. Si
alguno está enfermo, que llame a los ancianos
de la iglesia para que oren por él y lo unjan con
aceite en el nombre del Señor. La oración que
hagan con fe sanará al enfermo y el Señor lo
levantará. Y si ha pecado, él lo perdonará.

Por eso, confiésense unos a otros sus pecados,
y oren unos por otros para que sean sanados. La
oración del justo es poderosa y eficaz.

—SANTIAGO 5.13-16

Jesús respondió:

—Tengan fe en Dios. Les aseguro que si
alguien le dice a este monte que se mueva y se
arroje al mar, y no duda que va a suceder, el

monte lo obedecerá. Por eso les digo que todo lo que pidan en oración, crean que lo recibirán, y así será. Pero cuando oren, perdonen a los que les hayan hecho algo, para que el Padre que está en el cielo les perdone a ustedes sus pecados.

—Marcos 11.22-25

Pregúntame y yo te revelaré algunos importantes secretos acerca de lo que habrá de ocurrir aquí.

—Jeremías 33.3

Si mi pueblo se humilla, y ora, y busca mi rostro, y se arrepiente de sus caminos malvados, los oiré desde el cielo y perdonaré sus pecados y restauraré el país.

—2 Crónicas 7.14

Estén siempre contentos. Oren en todo momento. Den gracias a Dios en cualquier situación, porque esto es lo que Dios quiere de ustedes como creyentes en Cristo Jesús

—1 Tesaloncenses 5.16-18

Caminar con Dios es
DESCUBRIR
LA VOLUNTAD DE DIOS

Ahora, hermanos, les suplicamos en el nombre
del Señor Jesús que cada vez vivan más como
le agrada a Dios, así como lo aprendieron de
nosotros. En realidad, ya lo están haciendo.
Ustedes saben cuáles son las instrucciones
que les dimos de parte del Señor Jesús. Dios
quiere que sean santos; que no cometan
inmoralidades sexuales; que cada uno aprenda
a controlar su propio cuerpo de una manera
santa y respetuosa; que no se dejen llevar por los
malos deseos, como hacen los paganos que no
conocen a Dios, y que nadie le haga daño a su
hermano ni se aproveche de él en este asunto.
El Señor castiga todas estas cosas, como ya se
lo habíamos dicho y advertido. Dios no nos ha
llamado a vivir de manera impura, sino santa.

—1 TESALONICENSES 4.1-7

Por causa del Señor, obedezcan a toda
autoridad humana, ya sea al rey porque es el que
tiene más autoridad, o a los gobernadores que él

ha puesto para castigar a los que hacen lo malo y para honrar a los que hacen lo bueno. Lo que Dios quiere es que ustedes hagan el bien, para que los ignorantes y tontos no tengan nada que decir en contra de ustedes.

—1 Pedro 2.13-15

Tú eres mi refugio; tú me protegerás del peligro y me rodearás con cánticos de liberación. El Señor dice: «Yo te instruiré y te guiaré por el mejor camino para tu vida; yo te aconsejaré y velaré por ti».

Muchos dolores sobrevienen al malvado, pero el gran amor del Señor envuelve a los que en él confían.

—Salmo 32.7-8, 10

El hombre piensa que es justo lo que él hace, pero el Señor juzga los motivos.

Pon en manos del Señor todo lo que haces, y tus planes tendrán éxito.

—Proverbios 16.2-3

Así que tengan mucho cuidado de cómo viven. Vivan como sabios, no como necios; aprovechen bien cada oportunidad, porque los días son malos; no sean tontos, sino traten de entender cuál es la voluntad de Dios.

—Efesios 5.15-17

Hijo mío, obedece siempre los mandamientos y enseñanzas de tu padre y de tu madre. Grábalos en tu corazón, cuélgalos alrededor de tu cuello. Adonde vayas, te servirán de guía; mientras estés dormido, te protegerán; al despertar, te aconsejarán. Porque estos mandamientos y enseñanzas son lámpara que alumbra tu camino delante de ti; su corrección y consejos son el camino de la vida.

—Proverbios 6.20-23

Examíname, Dios, y conoce mi corazón; pruébame y conoce mis pensamientos. Señálame lo que en mí te ofende, y guíame por la senda de la vida eterna.

—Salmo 139.23-24

Caminar con Dios es
DESARROLLAR UN ESPÍRITU
QUE SABE DISCERNIR

Pongamos, pues, empeño en entrar también en aquel reposo; cuidémonos de no desobedecer a Dios como lo desobedecieron los israelitas. La palabra de Dios es viva y poderosa. Es más cortante que una espada de dos filos que penetra hasta lo más profundo de nuestro ser, y examina nuestros más íntimos pensamientos y los deseos de nuestro corazón. Nada de lo que él ha creado puede esconderse de aquel a quien tendremos que rendir cuentas de nuestros hechos.

—HEBREOS 4.11-13

Por ello me arrodillo ante el Padre, de quien recibe su nombre toda familia —tanto las que están en el cielo como las que están en la tierra—, y le pido que de sus gloriosas riquezas los fortalezca interiormente por medio de su Espíritu.

Pido también que, por medio de la fe, Cristo habite en sus corazones, y que ustedes echen raíces y se cimienten en el amor, para que puedan entender, en compañía de todo el pueblo santo, lo ancho, largo, alto y profundo que es el amor de Cristo. Pido que ustedes experimenten ese amor, que nunca podremos entender del todo. Así estarán completamente llenos de Dios.

—Efesios 3.14-19

El que no tiene el Espíritu no puede aceptar lo que viene del Espíritu de Dios, pues le parece una locura. No lo puede entender, porque hay que discernirlo con la ayuda del Espíritu.

Por el contrario, el que tiene el Espíritu lo juzga todo, aunque él mismo no está sujeto al juicio de nadie, pues «¿Quién ha conocido la mente del Señor? ¿Quién podrá enseñarle?»

En cambio, nosotros tenemos la mente de Cristo.

—1 Corintios 2.14-16

Para adquirir sabiduría y disciplina, para ayudar a comprender las palabras inteligentes; para recibir instrucción, prudencia, justicia y equilibrio; para infundir sagacidad a los inexpertos, conocimiento y madurez a los jóvenes. El que es sabio y los escucha, adquiere mayor sabiduría, y el entendido recibe dirección.

—PROVERBIOS 1.2-5

Quienes le obedecen no serán castigados. El sabio hallará tiempo y forma de cumplir lo que ordena. Para todo hay tiempo y manera.

—ECLESIASTÉS 8.5-6A

Caminar con Dios es
RECONOCER LA
CORRECCIÓN DE DIOS

Hijo mío, no desprecies la corrección del
SEÑOR, ni te enojes cuando te reprenda; pues
el SEÑOR corrige al que ama, así como el padre
corrige al hijo que es su alegría.

—PROVERBIOS 3.11-12

El SEÑOR conoce los pensamientos humanos,
y sabe que son inútiles. Dichosos aquellos a los
que tu corriges, SEÑOR; a los que tú instruyes
en tu ley. Tú les das tranquilidad en tiempos
de angustia mientras que al malvado se le cava
una fosa. El SEÑOR no abandonará a su pueblo;
porque son su especial propiedad. El juicio
volverá a ser justo y todos los de recto corazón
tendrán su recompensa.

—SALMO 94.11-15

Lo que ustedes están sufriendo es para
disciplinarlos, pues Dios los está tratando

como a hijos. Si a ustedes no los disciplinan
como se disciplina a todo hijo, entonces ustedes
no son verdaderamente hijos. Por otra parte,
nuestros padres humanos nos disciplinaban y
los respetábamos. ¡Con cuánta mayor razón
debemos someternos al Padre de los espíritus,
para que tengamos vida! Nuestros padres nos
disciplinaban por breve tiempo, de acuerdo con
lo que a ellos les parecía mejor; pero Dios lo
hace para nuestro bien, para que seamos santos
como él. Por supuesto que ninguna disciplina
parece agradable al momento de recibirla;
más bien duele. Sin embargo, si aprendemos
la lección, los que hemos sido disciplinados
tendremos justicia y paz.

—Hebreos 12.7-11

La Escritura entera es inspirada por Dios y es
útil para enseñarnos, para reprendernos, para
corregirnos y para indicarnos cómo llevar una
vida justa. De esa manera, los servidores de Dios
estarán plenamente capacitados para hacer el
bien.

—2 Timoteo 3.16-17

Su salario al justo, le trae vida, pero sus ganancias al rico, le traen pecado.

El que acepta la corrección, va camino a la vida; el que la rechaza, va camino a la perdición.

—PROVERBIOS 10.16-17

Ahora ustedes deben elegir entre la bendición de Dios y la maldición de Dios. Tendrán bendición si obedecen los mandamientos del SEÑOR su Dios que les estoy dando en este día, y maldición si lo desobedecen y adoran los dioses de estas otras naciones.

—DEUTERONOMIO 11.26-28

Caminar con Dios es
CONOCER A
TU MEJOR AMIGO

Pero que el gozo del SEÑOR se derrame sobre cuantos lo aman, y buscan la salvación que él da. Que siempre exclamen: «¡Cuán grande es Dios!»

En cuanto a mí, pobre soy, y menesteroso, pero en este instante Dios piensa en mí. Dios mío, tú eres mi auxilio! Tú eres mi salvación. ¡Ven pronto, y sálvame! ¡No te demores, por favor!

—SALMO 40.16-17

Sólo en el SEÑOR confiamos para que nos salve. Sólo él puede ayudarnos; nos protege como escudo. Razón tenemos para regocijarnos en el SEÑOR. Porque confiamos en él. Confiamos en su santo nombre. Sí, SEÑOR, que tu amor nos rodee perennemente, porque sólo en ti reposa nuestra esperanza.

—SALMO 33.20-22

Nadie tiene más amor que el que da la vida por sus amigos. Ustedes son mis amigos si hacen lo que yo les mando. Ya no les llamo sirvientes, porque el sirviente no sabe lo que hace su amo. Ahora los llamo amigos, porque les he enseñado todo lo que he oído decir a mi Padre. Ustedes no me escogieron a mí, sino que yo los escogí a ustedes, y los he mandado para que vayan y den fruto, un fruto que dure para siempre. Así el Padre les dará todo lo que le pidan en mi nombre. Esto es lo que les mando: que se amen unos a otros.

—JUAN 15.13-17

El SEÑOR salva a los santos. Él es su refugio y salvación en tiempos de tribulación. Él los ayuda y los libra de los lazos de los malvados.

—SALMO 37.39-40

Hay amigos que nos llevan a la ruina, pero hay amigos más fieles que un hermano.

—PROVERBIOS 18.24

Yo iré delante de ti, Ciro, y allanaré los montes
y derribaré las puertas de bronce y los barrotes
de hierro. Y te daré tesoros que se ocultan en
lugares oscuros, riquezas secretas, y tú sabrás
que yo lo hago. Yo, el SEÑOR, el Dios de Israel,
es el que te llama por tu nombre.

¿Y por qué te he nombrado para esta obra?
Por amor de Jacob, mi siervo; de Israel, mi
elegido. Yo te llamé por tu nombre cuando no
me conocías. Yo soy el SEÑOR, y no hay otro
Dios. Ya te fortaleceré y te enviaré a la victoria
aunque no me conozcas, y todo el mundo desde
el oriente hasta el occidente sabrá que no hay
otro Dios. Yo soy el SEÑOR y no hay ningún
otro, sólo yo soy Dios. Yo formo la luz y hago
las tinieblas. Yo envío los buenos tiempos y los
malos. Yo, el SEÑOR, soy el que hace esto

—ISAÍAS 45.2-7

Hacia las montañas levanto la mirada; ¿de
dónde vendrá mi ayuda? Mi ayuda viene
del SEÑOR, que hizo los cielos y la tierra. No
permitirá que resbales y caigas; jamás duerme
el que te cuida. De verdad, jamás duerme ni se
cansa el que cuida a Israel.

¡El Señor mismo te cuida! El Señor está a tu lado como tu sombra protectora. El sol no te hará daño de día ni la luna de noche. Te guarda de todo mal y protege tu vida. El Señor te cuida cuando vas y cuando vienes, desde ahora y para siempre.

—Salmo 121

EL PODER DE DIOS ES

¿No comprenden todavía? ¿Aún no saben
que el Dios eterno, el Creador de los sitios más
lejanos de la tierra, jamás se fatiga ni desmaya?
Nadie puede sondear las profundidades de
su entendimiento. Él da fuerzas al cansado y
extenuado, y vigor al débil. Hasta los jóvenes
quedan sin aliento y los muchachos se dan
por vencidos. Pero los que esperan en el Señor
renovarán sus fuerzas: emprenderán vuelo como
si tuvieran alas de águilas, correrán y no se
cansarán, caminarán y no desfallecerán.

—Isaías 40.28-31

El poder de Dios es
SU PALABRA INFALIBLE

Por la fe sabemos que Dios formó el universo por medio de su palabra; así que lo que ahora vemos fue hecho de lo que no podía verse.

—HEBREOS 11.3

Antes que nada existiera, ya existía la Palabra, y la Palabra estaba con Dios porque aquel que es la Palabra era Dios.

Él estaba con Dios en el principio.

Por medio de él todas las cosas fueron creadas, y no existe nada que él no haya creado.

En él estaba la vida, y la vida era también la luz de la humanidad.

Esta luz brilla en la oscuridad, y la oscuridad no puede apagarla.

Y la Palabra se hizo hombre y habitó entre nosotros. Y hemos visto su gloria, la gloria que le pertenece al Hijo único del Padre, en el que abundan el amor y la verdad.

—JUAN 1.1-5, 14

Tu palabra, SEÑOR, es eterna, y permanece firme en el cielo. Tu fidelidad se extiende a cada generación, y permanece como la tierra que formaste.

Tu palabra es una lámpara a mis pies, y una luz en mi sendero. Lo prometí una vez y lo prometeré otra vez: que obedeceré tus maravillosas leyes.

Tus decretos son maravillosos; con razón los obedezco. La enseñanza de tus palabras dan luz, aun el sencillo puede entenderlas.

—SALMO 119.89-90, 105-106, 129-130

SEÑOR, te doy gracias de todo corazón. Cantaré tus alabanzas delante de los dioses. Al adorarte me inclino ante tu santo templo. Agradeceré a tu nombre por tu gran amor y fidelidad. Porque has exaltado tu nombre y tu palabra por sobre todas las cosas.

—SALMO 138.1-2

Así que la fe nace cuando se presta atención a las buenas noticias acerca de Cristo.

—ROMANOS 10.17

He puesto a prueba tus promesas por completo y es por eso que las amo tanto.

Me quedo despierto en la noche para meditar en tus promesas.

—Salmo 119.140, 148

Porque todas las palabras de Dios son rectas; y cuanto él hace merece nuestra confianza. Él ama la justicia y el derecho; llena está la tierra de su tierno amor. Bastó que hablara, y se formaron los cielos; que soplara para que se formaran todas las estrellas. Él puso límites a los mares y encerró los océanos en su gran estanque.

Que todos en el mundo teman al Señor, y ante él sientan sobrecogido respeto. Porque bastó que hablara, y surgió el mundo. ¡A su mandato, apareció!

—Salmo 33.4-9

Por eso, despójense de toda suciedad y de la maldad que tanto abunda. De esa manera podrán recibir con humildad la palabra sembrada en ustedes. Esta palabra tiene poder para salvarles la vida.

Pongan en práctica la palabra y no se limiten a sólo escucharla pues de otra manera se engañan ustedes mismos.

—Santiago 1.21-22

El que menosprecia la instrucción, pagará las consecuencias; el que la respeta recibirá su recompensa.

La enseñanza del sabio es fuente de vida, y libra de los lazos de la muerte.

—Proverbios 13.13-14

El poder de Dios es
La fe

La fe es la seguridad de recibir lo que se
espera, es estar convencido de lo que no se ve.

Por la fe sabemos que Dios formó el universo
por medio de su palabra; así que lo que ahora
vemos fue hecho de lo que no podía verse.

Por la fe, Abel ofreció a Dios un sacrificio
mejor que el de Caín, y por eso Dios lo declaró
justo y aceptó su ofrenda. Y aunque Abel ya está
muerto, su fe nos habla todavía.

Por la fe, Enoc fue llevado de este mundo
sin que experimentara la muerte; y no lo
encontraron porque Dios se lo llevó. Pero
antes de llevárselo, Dios declaró que él le había
agradado. Sin fe es imposible agradar a Dios. El
que quiera acercarse a Dios debe creer que existe
y que premia a los que sinceramente lo buscan.

Por la fe, Noé, cuando se le avisó lo que
ocurriría, pero que todavía no podía verse,
obedeció y construyó un arca para salvar a su
familia Por esa fe condenó al mundo y fue
heredero de la justicia que viene por la fe.

Por la fe, Abraham, cuando fue llamado
para ir al lugar que iba a recibir como herencia,
obedeció y salió sin saber a dónde iba. Por la fe
vivió como extranjero en la Tierra prometida.
Vivió en tiendas de campaña, lo mismo que
Isaac y Jacob, que también eran herederos de la
misma promesa.

Por la fe, Abraham, a pesar de ser demasiado
viejo y de que Sara no podía tener hijos, recibió
fuerzas para tener hijos, porque confió en que
Dios cumpliría la promesa que le había hecho.

Por la fe, Abraham, que había recibido las
promesas, cuando fue puesto a prueba ofreció a
Isaac, su único hijo.

—Hebreos 11.1, 3-9, 11, 17

Antes de la venida de esta fe, estábamos
resguardados por la ley, mantenidos en custodia
hasta que la fe se diera a conocer. Así que la ley
fue nuestra maestra que nos condujo a Cristo,
para que fuésemos justificados por medio
de la fe. Pero ya que ha llegado la fe, ya no
necesitamos que la ley nos guíe.

Ahora todos ustedes son hijos de Dios por
medio de la fe en Cristo Jesús.

—Gálatas 3.23-26

Por su misericordia y por medio de la fe, ustedes son salvos. No es por nada que ustedes hayan hecho. La salvación es un regalo de Dios y no se obtiene haciendo el bien. Esto es así para que nadie se sienta orgulloso. Somos creación de Dios, creados en Cristo Jesús para hacer las buenas obras que Dios de antemano ya había planeado.

—EFESIOS 2.8-10

Así que, ahora que Dios nos ha declarado justos por haber creído, disfrutamos de la paz con Dios gracias a lo que Jesucristo nuestro Señor hizo por nosotros. Por medio de él, y confiando en su promesa, participamos de ese amor que no merecemos, y en el cual nos mantenemos firmes. Incluso nos sentimos orgullosos de la esperanza de gozar de la gloria de Dios.

—ROMANOS 5.1-2

Jesús respondió:

—Tengan fe en Dios. Les aseguro que si alguien le dice a este monte que se mueva y se arroje al mar, y no duda que va a suceder, el monte lo obedecerá. Por eso les digo que todo lo que pidan en oración, crean que lo recibirán, y así será.

—MARCOS 11.22-24

Hermanos míos, que les dé gran alegría cuando pasen por diferentes pruebas, pues ya saben que cuando su fe sea puesta a prueba, producirá en ustedes firmeza. Y cuando se desarrolle completamente la firmeza, serán perfectos y maduros, sin que les falte nada.

—SANTIAGO 1.2-4

Si tuvieran siquiera una fe tan pequeña como un grano de mostaza, podrían decirle a aquella montaña que se quitara de en medio y se quitaría. Nada les sería imposible. Pero este tipo de demonio no sale a menos que uno haya orado y ayunado.

—MATEO 17.20B-21

Dios nos ha preparado para esto y nos ha dado su Santo Espíritu como garantía de sus promesas.

Por eso vivimos confiados y sabemos que cada momento que pasamos en este cuerpo terrenal lo pasamos lejos del Señor. Esto lo sabemos por la fe, no por la vista.

—2 Corintios 5.5-7

El poder de Dios es
LA AUTORIDAD
ESPIRITUAL

Porque nunca me avergüenzo de las buenas noticias; ellas constituyen el poder de Dios para la salvación de todos los que creen. A los judíos se les dio el privilegio de ser los primeros en escuchar la predicación de este mensaje, pero ya el mundo entero está escuchándolo.

Las buenas noticias nos muestran la manera en que Dios nos acepta: por la fe, de principio a fin. Como está escrito en el Antiguo Testamento: «El que es justo, lo es por creer en Dios».

—ROMANOS 1.16-17

Por último, recuerden que su fortaleza debe venir del gran poder del Señor. Vístanse de toda la armadura que Dios les ha dado, para que puedan hacer frente a los engaños astutos del diablo, porque nuestra lucha no es contra seres humanos, sino contra los poderes, las autoridades y los gobernantes de este mundo en tinieblas; o sea, que luchamos contra los espíritus malignos que actúan en el cielo.

Por ello, vístanse de toda la armadura de Dios para que puedan resistir en el día malo y así, al terminar la batalla, estén todavía en pie.

¡Manténganse firmes! Que su ropa de batalla sea la verdad y su protección la justicia. Estén siempre listos para anunciar las buenas nuevas de la paz. Sobre todo, tomen el escudo de la fe para apagar los dardos de fuego que arroja el maligno. Pónganse el casco de la salvación y tomen la espada que les da el Espíritu, que es la Palabra de Dios.

Sobre todo, oren a Dios en todo tiempo. Y cuando lo hagan, sean dirigidos por el Espíritu. Manténganse bien despiertos y vigilantes, y no dejen de orar por todo el pueblo santo de Dios.

—Efesios 6.10-18

Somos embajadores de Cristo. Dios les habla a ustedes por medio de nosotros: «En el nombre de Cristo les rogamos, ¡reconcíliense con Dios!»

Dios tomó a Cristo, que no tenía pecado, y puso sobre él nuestros pecados, para declararnos justos por medio de Cristo.

—2 Corintios 5.20-21

Les aseguro que cuanto aten en la tierra quedará atado en el cielo, y que lo que suelten en la tierra quedará suelto en el cielo. También quiero decirles que si dos de ustedes se ponen de acuerdo aquí en la tierra acerca de algo que quieran pedir en oración, mi Padre que está en los cielos se lo concederá, porque dondequiera que estén dos o tres reunidos en mi nombre, allí estaré yo.

—Mateo 18.18-20

El Espíritu que es don de Dios, no quiere que temamos a la gente, sino que tengamos fortaleza, amor y dominio propio.

Así que no te avergüences de hablar de nuestro Señor, ni de mí, que estoy preso por la causa de Cristo. Al contrario, debes ser capaz de sufrir por el evangelio, pues Dios te dará fuerzas.

—2 Timoteo 1.7-8

Oro también para que comprendan el increíblemente inmenso poder con que Dios ayuda a los que creen en él. Ese poder es la fuerza grandiosa y eficaz con que Dios levantó a Cristo de entre los muertos y lo sentó a su derecha en la gloria. Dios puso a Cristo muy por encima de cualquier gobernante, autoridad, poder y dominio, y de cualquier otro nombre que se invoque, no sólo en este mundo sino también en el venidero. Dios ha puesto todas las cosas a sus pies y lo hizo suprema cabeza de la iglesia. Y la iglesia, que es su cuerpo, está llena de él, que llena también todo lo que existe.

—EFESIOS 1.19-23

Sí, es cierto, vivimos en este mundo, pero nunca actuamos como el mundo para ganar nuestras batallas. Para destruir las fortalezas del mal, no empleamos armas humanas, sino las armas del poder de Dios. Así podemos destruir la altivez de cualquier argumento y cualquier muralla que pretenda interponerse para que el hombre conozca a Dios. De esa manera, hacemos que todo tipo de pensamiento se someta para que obedezca a Cristo. Y estamos listos a castigar a cualquiera que persista en su rebeldía, después que ustedes mismos se hayan rendido totalmente a Cristo.

—2 CORINTIOS 10.3-6

Vino a este mundo, que es suyo, y los suyos no lo recibieron. Pero a todos los que lo recibieron, a los que creen en él, les dio el derecho de ser hijos de Dios. Los hijos de Dios no nacen de la sangre, ni por deseos naturales o por voluntad humana, sino que nacen de Dios.

Y la Palabra se hizo hombre y habitó entre nosotros. Y hemos visto su gloria, la gloria que le pertenece al Hijo único del Padre, en el que abundan el amor y la verdad.

—Juan 1.11-14

El poder de Dios es
Su pacto

Somos creación de Dios, creados en Cristo Jesús para hacer las buenas obras que Dios de antemano ya había planeado.

Nunca se olviden de que ustedes, que no son judíos, eran despreciados por los judíos por no circuncidarse físicamente como ellos. Recuerden que en aquellos días ustedes vivían alejados del Mesías, excluidos de la ciudadanía de Israel y ajenos a los pactos de la promesa. Vivían en el mundo sin Dios y sin esperanza.

Pero ahora, por estar unidos a Cristo Jesús, a ustedes, que antes andaban lejos, Dios los ha acercado gracias a la muerte de Cristo.

Porque Cristo es nuestra paz; él logró hacer de nosotros los judíos y de ustedes los que no son judíos un solo pueblo, derribando la pared de enemistad que nos separaba. Puso fin a los mandatos y reglas de la ley, y a los dos pueblos los hizo parte de sí mismo, creando una sola y nueva humanidad. Así creó la paz.

—Efesios 2.10-15

Pero el trabajo sacerdotal que Jesús ha recibido es mucho mejor que el de ellos; y así, por medio de él, tenemos un pacto mucho mejor, ya que está basado en mejores promesas.

Si el primer pacto hubiera sido perfecto, no habría sido necesario un segundo pacto. Pero Dios les reprochó sus defectos y dijo:

«Llegará el día, —dice el Señor—, en que haré un nuevo pacto con el pueblo de Israel y con el pueblo de Judá.

No será como el pacto que hice con sus antepasados el día en que de la mano los saqué de Egipto, pues porque ellos no cumplieron con mi pacto, yo los abandoné, —dice el Señor—.

Por eso, éste es el pacto que haré con el pueblo de Israel después de aquellos días, —dice el Señor—:

Escribiré mis leyes en su mente y en su corazón. Yo seré su Dios, y ellos serán mi pueblo. Ya no será necesario que nadie enseñe a su prójimo ni a su hermano y le diga: "¡Conoce al Señor!", porque todos me conocerán, desde el más pequeño hasta el más grande.

Yo les perdonaré sus maldades y nunca más me acordaré de sus pecados».

Decir que este pacto es nuevo significa que consideramos viejo al anterior, y lo que se vuelve viejo e inútil está por desaparecer.

—Hebreos 8.6-13

En la promesa que Dios hizo a Abraham,
Dios juró por sí mismo, ya que no había nombre
mayor por el cual jurar. Y dijo:

«En verdad te bendeciré abundantemente y te
multiplicaré en gran manera».

Abraham esperó con paciencia hasta que un
día Dios cumplió su promesa.

Cuando una persona jura, lo hace apelando
a alguien superior a ella misma. Un juramento
pone fin a cualquier controversia.

Dios se ató a un juramento para que
los herederos de la promesa estuvieran
absolutamente seguros de su cumplimiento, y
que supieran que nada cambiaría el juramento.

De estas dos cosas que no pueden cambiarse
y en las que es imposible que Dios mienta,
recibimos un gran consuelo los que ahora
acudimos a él en busca de su protección y
confiados en la esperanza que nos ha dado.

Esta esperanza es como un ancla firme y
segura para nuestra alma y penetra hasta la
presencia misma de Dios.

—HEBREOS 6.13-19

Hermanos, les pondré un ejemplo. Cualquier
contrato humano si es por escrito y está

firmado, tiene que ser cumplido. Nadie puede anularlo ni añadirle nada una vez que se ha firmado. De la misma manera, Dios les hizo promesas a Abraham y a su descendencia. Noten ustedes que no dice que las promesas eran para los descendientes de Abraham, como si fueran muchos; sino que dice «para su descendencia»; pues bien, esa descendencia es Cristo.

Lo que quiero decir es lo siguiente: Dios hizo un pacto con Abraham, y ese pacto no fue cancelado ni la promesa quedó anulada por la ley que vino cuatrocientos treinta años más tarde. Si al obedecer esa ley recibiéramos la herencia, entonces ya no sería creyendo en la promesa de Dios. Sin embargo, Dios se la concedió a Abraham gratuitamente cuando Abraham confió en las promesas de Dios.

Pero entonces, ¿para qué se nos dio la ley? Después que Dios le dio la promesa a Abraham, Dios añadió la ley a causa de nuestros pecados, pero sólo hasta que viniera la descendencia de Abraham, a la que se la había hecho la promesa. Además, Dios encomendó a los ángeles entregar la ley a Moisés, que fue el intermediario. Pero no se necesita un mediador cuando se trata de una sola persona. Y Dios es uno solo.

Luego entonces, ¿es la ley de Dios contraria a las promesas de Dios? ¡Por supuesto que no!

Si pudiéramos salvarnos por la ley, Dios no nos habría proporcionado otro medio para escapar de la esclavitud del pecado, como dicen las Escrituras. La única manera de recibir la promesa de Dios es por fe en Jesucristo.

Antes de la venida de esta fe, estábamos resguardados por la ley, mantenidos en custodia hasta que la fe se diera a conocer. Así que la ley fue nuestra maestra que nos condujo a Cristo, para que fuésemos justificados por medio de la fe. Pero ya que ha llegado la fe, ya no necesitamos que la ley nos guíe.

Ahora todos ustedes son hijos de Dios por medio de la fe en Cristo Jesús. Porque todos los que han sido bautizados en Cristo, se han revestido de él. Ya no importa si eres judío o griego, esclavo o libre, hombre o mujer. Todos ustedes son uno solo en Cristo Jesús. Y si ustedes son de Cristo, son la verdadera descendencia de Abraham y herederos de las promesas que Dios le hizo.

—GÁLATAS 3.15-29

Al que te teme, SEÑOR, tú le enseñarás a elegir el mejor sendero. Vivirá rodeado de las bendiciones que sólo tú envías, y sus descendientes heredarán la tierra.

Ser amigo tuyo, oh Dios, es privilegio de quienes te honran. Sólo con ellos compartes los secretos de tu pacto.

—Salmos 25.12-14

Y si esto es así, ¡la sangre de Cristo es todavía mejor! Pues por medio del Espíritu eterno, Cristo se ofreció a sí mismo a Dios como sacrificio sin mancha para purificar nuestra conciencia de las obras que conducen a la muerte, para que sirvamos al Dios viviente. Por eso, Cristo es mediador de un nuevo pacto. Por medio de su muerte, los llamados recibirán la herencia eterna que se les ha prometido, y serán liberados de los pecados que han cometido.

—Hebreos 9.14-15

Llegará el día, dice el Señor, cuando celebraré un nuevo convenio con el pueblo de Israel y Judá. No será como el convenio que hice con sus antepasados cuando de la mano los saqué de tierra de Egipto, convenio que ellos quebrantaron, obligándome a rechazarlos, dice el SEÑOR. Este es el nuevo convenio que voy a celebrar con ellos: Grabaré mis instrucciones en el corazón de ellos, para que tengan la voluntad de honrarme; entonces serán verdaderamente pueblo mío y yo seré su Dios.

—JEREMÍAS 31.31-33

El poder de Dios es
Su promesa que
nunca cambia

❧❧——————————————❧❧

Pues conozco los planes que para ustedes tengo, dice el Señor. Son planes de bien y no de mal, para darles un futuro y una esperanza. En aquellos días cuando oren, yo escucharé. Me hallarán cuando me busquen, si con toda sinceridad me buscan.

—Jeremías 29.11-13

Yo soy la vid y ustedes son las ramas. El que está unido a mí, como yo estoy unido a él, dará mucho fruto. Si están separados de mí no pueden hacer nada.

Si ustedes siguen unidos a mí y mis palabras permanecen en ustedes, pueden pedir lo que quieran y se les dará. Mi Padre es glorificado cuando ustedes dan mucho fruto y de esa manera muestran que son mis discípulos.

Así como el Padre me ama a mí, así también yo los amo a ustedes. No se aparten de mi amor.

—Juan 15.5, 7-9

Ahora bien, el agricultor que siembra pocas semillas, obtendrá poca cosecha; pero el que siembra mucho, mucho cosechará. Cada uno tiene que determinar cuánto va a dar. Que no sea con tristeza ni porque lo obliguen, porque Dios ama al que da con alegría.

Poderoso es Dios para darles en abundancia sus bendiciones, de tal manera que, siempre y en todas las circunstancias, no sólo tengan para satisfacer las necesidades propias sino también para dar en abundancia a los demás.

—2 Corintios 9.6-8

Confía en el Señor con todo tu corazón, y no confíes en tu propia inteligencia. Busca la voluntad del Señor en todo lo que hagas, y él dirigirá tus caminos.

—Proverbios 3.5-6

Por eso, mi Dios les dará todo lo que necesiten, conforme a las gloriosas riquezas que tiene en Cristo Jesús.

—Filipenses 4.19

Por lo tanto, si alguien está unido a Cristo, es una nueva creación. ¡Lo viejo ha quedado atrás y lo nuevo ha llegado!

—2 CORINTIOS 5.17

Este es el mensaje que Dios nos ha dado para ustedes: Dios es luz y en él no hay tinieblas. Por lo tanto, si afirmamos que somos amigos suyos y seguimos viviendo en las tinieblas, mentimos y no estamos poniendo en práctica la verdad. Pero si, al igual que Cristo, vivimos en la luz, entre nosotros habrá compañerismo, y la sangre de Jesucristo el Hijo de Dios nos limpiará de todo pecado.

—1 JUAN 1.5-7

Entonces Jesús les dijo a los judíos que creyeron en él:
—Si ustedes se mantienen obedientes a mis enseñanzas, serán de verdad mis discípulos. Entonces conocerán la verdad, y la verdad los hará libres.
Así que si el Hijo los libera, serán libres de verdad.

—JUAN 8.31-32, 36

El amor de
Dios es . . .

El amor de Cristo nos domina, porque estamos convencidos de que Cristo murió por todos, y por eso todos han muerto. Él murió por todos para que los que viven ya no vivan más para sí mismos, sino para agradar al que murió y resucitó por ellos.

Por lo tanto, si alguien está unido a Cristo, es una nueva creación. ¡Lo viejo ha quedado atrás y lo nuevo ha llegado!

—2 Corintios 5.14-15, 17

El amor de Dios es
Tu herencia eterna

¡Alabemos a Dios, Padre de nuestro Señor Jesucristo!, porque su misericordia es grande y nos ha hecho nacer de nuevo por medio de la resurrección de Jesucristo. Esto fue así para que tengamos una esperanza viva y recibamos una herencia que no se puede destruir ni marchitar ni manchar. Esa es la herencia que está reservada en el cielo para ustedes, a quienes Dios protege con su poder por la fe, hasta que llegue la salvación que se dará a conocer en lo últimos tiempos.

—1 Pedro 1.3-5

Luego entonces, ¿es la ley de Dios contraria a las promesas de Dios? ¡Por supuesto que no! Si pudiéramos salvarnos por la ley, Dios no nos habría proporcionado otro medio para escapar de la esclavitud del pecado, como dicen las Escrituras. La única manera de recibir la promesa de Dios es por fe en Jesucristo.

Antes de la venida de esta fe, estábamos resguardados por la ley, mantenidos en custodia hasta que la fe se diera a conocer. Así que la ley fue nuestra maestra que nos condujo a Cristo, para que fuésemos justificados por medio de la fe. Pero ya que ha llegado la fe, ya no necesitamos que la ley nos guíe.

Ahora todos ustedes son hijos de Dios por medio de la fe en Cristo Jesús. Porque todos los que han sido bautizados en Cristo, se han revestido de él. Ya no importa si eres judío o griego, esclavo o libre, hombre o mujer. Todos ustedes son uno solo en Cristo Jesús. Y si ustedes son de Cristo, son la verdadera descendencia de Abraham y herederos de las promesas que Dios le hizo.

—GÁLATAS 3.21-29

En virtud de lo que Cristo hizo, ahora somos herederos, porque en su plan soberano nos escogió desde el principio para ser suyos; y esto es el cumplimiento de ese plan que Dios quería llevar a cabo. Lo hizo porque desea que nosotros, que fuimos los primeros en esperar al Mesías, celebremos su gloria.

Gracias también a lo que Cristo hizo, cuando ustedes escucharon el mensaje verdadero de las buenas noticias de salvación y creyeron en él, fueron marcados con el sello que es el Espíritu Santo que él había prometido. La presencia del Espíritu Santo en nosotros es como el sello de garantía de que Dios nos dará nuestra herencia. Además, significa que Dios ya nos ha comprado y que nos salvará hasta el final. Todo esto lo hizo para que le alabemos y le demos a él la gloria.

—EFESIOS 1.11-14

Les digo, hermanos míos, que ningún cuerpo de carne y hueso podrá entrar en el reino de Dios. Este cuerpo corruptible no puede heredar lo que es incorruptible. Les voy a revelar ahora un secreto: No todos moriremos, pero todos seremos transformados. Ocurrirá en un abrir y cerrar de ojos, cuando suene la trompeta final. Cuando esa trompeta suene, los que hayan muerto resucitarán con cuerpos nuevos que jamás morirán; y los que estemos vivos seremos transformados.

Porque es imprescindible que este cuerpo corruptible se convierta en un cuerpo incorruptible, y que lo mortal sea inmortal. Cuando así suceda, se cumplirá la siguiente profecía: «Ha sido devorada la muerte por la victoria.

¿Dónde está, oh muerte, tu aguijón?

¿Dónde está, oh sepulcro, tu victoria?»

En efecto, el pecado, que es el aguijón de la muerte, ya no existirá; y la ley, que le da poder al pecado, dejará de juzgarnos. ¡Gracias a Dios que nos da la victoria por medio de Jesucristo, nuestro Señor!

Por eso, amados hermanos míos, estén firmes y constantes; trabajen siempre para la obra del Señor, conscientes de que nada de lo que hagamos para el Señor será en vano.

—1 Corintios 15.50-58

Esto es lo que quiero decir: Mientras que un heredero es menor de edad, en la práctica es igual que un esclavo, aunque sea propietario de las riquezas de su padre. Tiene que obedecer a sus tutores y administradores hasta que llegue la fecha que el padre señaló.

Así nos pasaba a nosotros. Cuando éramos menores de edad, éramos esclavos de los poderes que controlan el mundo. Pero cuando se cumplió el plazo, Dios envió a su Hijo, nacido de mujer y nacido bajo la ley, a fin de comprar nuestra libertad, ya que éramos esclavos de la ley, y así adoptarnos como hijos suyos.

Y como ustedes son sus hijos, Dios envió al Espíritu de su Hijo a nuestros corazones, y por eso lo llamamos «Papá, papá».

Así que ya no eres esclavo, sino hijo de Dios. Y como eres su hijo, Dios te ha hecho su heredero.

—GÁLATAS 4.1-7

Él nos rescató del reino de las tinieblas y nos trasladó al reino de su Hijo amado, quien compró nuestra libertad y perdonó nuestros pecados.

Cristo es la imagen misma del Dios invisible, y existe desde antes que Dios comenzara la creación.

Cristo mismo es el creador de cuanto existe en los cielos y en la tierra, de lo visible y de lo invisible, y de todos los seres que tienen poder, autoridad y dominio; todo fue creado por medio de él y para él.

—COLOSENSES 1.13-16

Y el que estaba sentado en el trono dijo: «Yo hago nuevas todas las cosas». Luego me dijo:

«Escribe, porque lo que te digo es digno de crédito y verdadero.

»¡Hecho está! ¡Yo soy la A y la Z, el principio y el fin! ¡Al sediento le daré a beber gratuitamente del manantial del agua de la vida! El que salga vencedor heredará estas bendiciones y yo seré su Dios y él será mi hijo».

—Apocalipsis 21.5-7

El amor de Dios es
SANIDAD
PARA TODA LA VIDA

❧━━━━━━━━━━━━━━━━━━━━❧

El SEÑOR está reconstruyendo Jerusalén
y regresando a sus exiliados. Él sana a los
quebrantados de corazón y les venda las heridas.
Él cuenta las estrellas y las llama por su nombre.
¡Cuán grande es él! ¡Su poder es absoluto! Su
entendimiento no tiene fronteras. El SEÑOR
sostiene al humilde, pero derriba hasta el polvo al
malvado.

—SALMO 147.2-6

Ten piedad de mí, oh SEÑOR, porque soy débil.
Sáname, pues mi cuerpo está en agonía, y estoy
desconcertado y turbado. Tengo el alma llena
de aprensión y tristeza. ¿Hasta cuándo, SEÑOR,
hasta cuándo?

Ven, SEÑOR, y sáname. Sálvame por tu
misericordia. Pues si muriera, no podría
alabarte.

—SALMO 6.2-5

El Espíritu del Señor Todopoderoso está sobre mí, porque me eligió para traer buenas noticias a los pobres, para consolar a los afligidos y para anunciarles a los prisioneros que pronto van a quedar en libertad. El Señor me ha enviado a decir a los que lloran que ha llegado para ellos la hora de la compasión de Dios, y el día de su ira contra los enemigos de ellos. A todos los que guardan luto en Israel les dará: belleza en vez de cenizas, júbilo en vez de llanto, y alabanza en vez de abatimiento. Porque para gloria de Dios, él mismo los ha plantado como vigorosos y esbeltos robles.

—Isaías 61.1-3

Yo, sí, yo soy el que te conforta y te da todo este gozo. Así pues, ¿por qué temer a los simples mortales que cual la hierba se marchitan y desaparecen?

—Isaías 51.12

Si alguno está enfermo, que llame a los ancianos de la iglesia para que oren por él y lo unjan con aceite en el nombre del Señor. La oración que hagan con fe sanará al enfermo y el Señor lo levantará. Y si ha pecado, él lo perdonará.

Por eso, confiésense unos a otros sus pecados, y oren unos por otros para que sean sanados. La oración del justo es poderosa y eficaz.

—Santiago 5.14-16

Y sin embargo, el sufrimiento que él padeció es el que a nosotros nos correspondía, nuestras penas eran las que lo agobiaron. Y nosotros pensábamos que sus tribulaciones eran castigo de Dios por sus propios pecados, ¡pero él fue herido y maltratado por los pecados nuestros! ¡Se le castigó para que nosotros tuviéramos paz, lo azotaron y nosotros fuimos sanados por su sufrimiento! Nosotros fuimos quienes nos extraviamos como ovejas, nosotros, quienes seguimos nuestro propio camino. ¡Pero Dios echó sobre él la culpa y los pecados de cada uno de nosotros!

—Isaías 53.4-6

El Espíritu del Señor está sobre mí, porque me ha ungido para dar buenas noticias a los pobres. Me ha enviado para anunciar libertad a los presos y dar vista a los ciegos, para poner en libertad a los oprimidos, para anunciar el año en que el Señor nos dará su favor.

—LUCAS 4.18-19

Alaba, alma mía al SEÑOR; alabe todo mi ser su santo nombre. Alaba, alma mía, al SEÑOR, y no olvides ninguna de las cosas buenas que él te da. Él perdona todos tus pecados y sana todas tus enfermedades, y rescata tu vida del sepulcro. Te rodea de tierno amor y misericordia. Llena tu vida de cosas buenas. Te rejuvenece como a las águilas.

—SALMO 103.1-5

¡Bendito sea el Dios y Padre de nuestro Señor Jesucristo, Padre misericordioso y Dios de toda consolación! Él nos consuela en todas nuestras tribulaciones, para que podamos consolar a todos los que sufren, con el mismo consuelo que él nos prodigó.

Pues así como sufrimos abundantemente por Cristo, así de grande es el consuelo que él nos da.

—2 CORINTIOS 1.3-5

El amor de Dios es
LA BONDAD DE DIOS

¡Cuán grande es tu bondad para los que a la vista de la gente declaran que tú los rescatarás! Porque guardas grandes bendiciones para quienes en ti confían y te reverencian.

Oculta a tus amados en el refugio de tu presencia, a salvo bajo tu mano, a salvo de las lenguas acusadoras.

—SALMO 31.19-20

¡Cuán precioso es tu constante amor, Dios! Toda la humanidad se refugia a la sombra de tus alas. Los alimentas con las delicias de tu mesa y les das a beber de tus ríos deleitosos.

Porque tú eres la fuente de la vida; nuestra luz viene de tu luz.

—SALMO 36.7-9

Porque todas las palabras de Dios son rectas; y cuanto él hace merece nuestra confianza. Él ama la justicia y el derecho; llena está la tierra de su tierno amor. Bastó que hablara, y se formaron los cielos; que soplara para que se formaran todas las estrellas. Él puso límites a los mares y encerró los océanos en su gran estanque.

Que todos en el mundo teman al Señor, y ante él sientan sobrecogido respeto. Porque bastó que hablara, y surgió el mundo. ¡A su mandato, apareció!

—Salmo 33.4-9

¡Que den gracias al Señor por su gran amor, por sus maravillosas obras que ha hecho para su bien! Porque él satisface al sediento y llena de bien al hambriento.

—Salmo 107.8-9

Porque el Señor es nuestra luz y nuestra protección. Él nos da gracia y gloria. Ningún bien se les negará a quienes hagan lo que es justo.

Oh Señor Todopoderoso, son felices los que en ti confían.

—Salmo 84.11-12

El S<small>EÑOR</small> nos recuerda y seguramente nos bendecirá. Bendecirá al pueblo de Israel, a los sacerdotes de la familia de Aarón, y a todos, grandes y pequeños que le temen.

Que el S<small>EÑOR</small> te bendiga ricamente a ti y a tus hijos. Sí, el S<small>EÑOR</small>, que hizo el cielo y la tierra te bendecirá.

—S<small>ALMO</small> 115.12-15

Que grandes son las obras del S<small>EÑOR</small>; todos los que en ellas se deleitan deben pensar en ellas. Todo lo que él hace revela su gloria y majestad. Su justicia nunca falta.

¿Quién podrá olvidar las maravillas que él hace? ¡El S<small>EÑOR</small> es bondadoso y misericordioso!

—S<small>ALMO</small> 111.2-4

Estoy convencido de que nada podrá apartarnos de su amor; ni la muerte, ni la vida, ni los ángeles, ni los demonios, ni lo presente, ni lo que está por venir, ni los poderes, ni lo alto, ni lo profundo, ni cosa alguna de toda la creación. ¡Nada podrá separarnos del amor que Dios nos ha demostrado en Cristo Jesús, nuestro Señor!

—R<small>OMANOS</small> 8.38-39

El amor de Dios es
PARA TUS SERES QUERIDOS
INCONVERSOS

Pero Dios es tan rico en misericordia y nos amó tanto que, aunque estábamos muertos a causa de nuestros pecados, nos dio vida con Cristo, pues solo por su gracia somos salvos. Además, nos levantó con Cristo de la tumba y nos hizo sentar con él en los cielos. Esto lo hizo para demostrar a las generaciones venideras la incomparable riqueza de su amor, que en su bondad derramó sobre nosotros por medio de Cristo Jesús.

Por su misericordia y por medio de la fe, ustedes son salvos. No es por nada que ustedes hayan hecho. La salvación es un regalo de Dios y no se obtiene haciendo el bien. Esto es así para que nadie se sienta orgulloso.

—EFESIOS 2.4-9

Así que a los que están unidos a Jesucristo ya no les espera ninguna condenación, porque el poder vivificador del Espíritu, poder que reciben a través de Jesucristo, los libera del poder del pecado y de la muerte.

La ley no pudo liberarnos porque nuestra naturaleza pecaminosa anuló su poder. Pero Dios envió a su propio Hijo con un cuerpo humano igual en todo al nuestro para entregarlo en sacrificio por nuestros pecados, y así destruyó el dominio del pecado sobre nosotros.

Por eso, si vivimos según el Espíritu Santo y negamos obediencia a nuestra vieja naturaleza pecaminosa, podemos obedecer las justas demandas de la ley de Dios.

Los que se dejan dominar por su naturaleza pecaminosa viven sólo para complacer sus deseos; pero los que viven de acuerdo con el Espíritu, se preocupan de las cosas del Espíritu.

—ROMANOS 8.1-5

Nosotros no somos tan independientes como para poder vivir o morir para nosotros mismos. Al vivir o morir lo hacemos para el Señor. Sea que estemos vivos o que estemos muertos, somos del Señor. Pues Cristo murió y resucitó precisamente para ser nuestro Señor mientras vivamos y cuando muramos.

Tú no tienes derecho a criticar a tu hermano ni a menospreciarlo. Recuerda que cada uno de nosotros tendrá que comparecer personalmente ante el tribunal de Cristo. Porque está escrito:

«Yo juro», dice el Señor, «que ante mí se doblará toda rodilla, y toda lengua reconocerá abiertamente a Dios».

Sí, cada uno tendrá que dar cuentas a Dios de sus actos. Así que dejen de estarse criticando. Traten de vivir de tal manera que ningún hermano tropiece o caiga por culpa de ustedes.

—ROMANOS 14.7-13

¡Alabado sea el SEÑOR, alabado sea nuestro Dios y Salvador! Porque día tras día nos lleva cargados en sus brazos.

Él nos libera. Nos rescata de la muerte.

—SALMOS 68.19-20

Los pasos de los buenos son guiados por el SEÑOR. Él se deleita en cada paso que dan. Si se tropiezan, no caen, porque el SEÑOR los sostiene con su mano.

—SALMO 37.23-24

Si declaras con tu boca que Jesús es el Señor y crees de corazón que Dios lo levantó de entre los muertos, Dios te salvará. Porque a quien cree de corazón, Dios lo da por justo; y a quien reconoce a Jesús, Dios lo salva.

Pues las Escrituras afirman que «los que creen en Cristo jamás serán defraudados».

—ROMANOS 10.9-11

Jesús les dijo:

—Yo soy el pan que da vida. El que viene a mí no volverá a tener hambre, y el que cree en mí no volverá a tener sed. Pero como ya les dije, aunque ustedes me han visto, no creen en mí. Todos los que el Padre me da vendrán a mí; y al que viene a mí, no lo rechazo. Yo he venido del cielo a cumplir la voluntad del que me envió y no la mía. Y ésta es la voluntad del que me envió: que no pierda a ninguno de los que él me ha dado, sino que los resucite en el día final, porque mi Padre quiere que todo el que reconozca al Hijo y crea en él, tenga vida eterna, y yo lo resucitaré en el día final.

—JUAN 6.35-40

Si no se vuelven a Dios, arrepentidos de sus pecados y con sencillez de niños, no podrán entrar en el reino de los cielos. En otras palabras, el que esté libre de altivez como este niño tendrá un puesto importante en el reino de los cielos. El que reciba en mi nombre a una persona así, a mí me recibe. Pero al que haga que uno de mis creyentes humildes pierda la fe, mejor le sería que le ataran una roca al cuello y lo arrojaran al mar. ¡Ay del mundo y sus maldades! La tentación es, ciertamente, inevitable, pero ¡ay de la persona que tienta! Por lo tanto, si tu mano o tu pie te hace pecar, córtatelo y échalo de ti, porque es mejor entrar al reino de los cielos mutilado que ir a parar al infierno con las dos manos y los dos pies. Y si tu ojo te hace pecar, sácatelo y échalo a la basura. Mejor te es entrar tuerto al reino de los cielos que ir al infierno con los dos ojos.

Nunca menosprecien al creyente humilde, porque su ángel tiene en el cielo constante acceso al Padre. Además, yo, el Hijo del hombre, vine a salvar a los perdidos. Si un hombre tiene cien ovejas y una se le extravía, ¿qué hará? ¿No deja las noventa y nueve sanas y salvas y se va a las montañas a buscar la perdida? Ah, ¡y si la encuentra, se regocija más por aquélla que por las noventa y nueve que dejó en el corral!

Asimismo, mi Padre no quiere que ninguno de estos pequeños se pierda.

Si un hermano te hace algo malo, llámalo y dile en privado cuál ha sido su falta. Si te escucha y la reconoce, habrás recuperado a un hermano.

—MATEO 18.3-15

NOTAS

NOTAS

Notas

Notas

NOTAS